安徽省教育厅2021年度高校人文社科重点项目(SK2021A0620)成果
巢湖学院2022年度高层次人才科研项目(KYQD-202202)成果

英语教学语法汉解

English School Grammar
A Chinese Perspective

余 鹏 裴 育 著

中国科学技术大学出版社

内 容 简 介

本书以英语教学语法为核心,针对中国英语学习者学习英语语法的"痛点"和"难点",以英语语法术语汉译名的释读为路径,采用"以汉阐英,英汉互鉴"的阐释方法,对英语语法知识进行本土化重构和可视化重构。阐释过程中注重融合教学语法与理论语法,打通词法和句法之间的"屏障",建立起一套基于汉语的话语体系,为中国英语语法教与学提供本土化的理论框架与实践路径。全书分专题介绍主要词类、句法成分、语气及三大类从句的相关研究与教法。同时,关注英文文学体裁中的语言现象,详细介绍无动词分句、非限定分句、限定分句、双重谓语、移位修饰等的特点、用法及教法。

本书可供中学、大学英语教师,英语专业学生以及英语爱好者阅读参考。

图书在版编目(CIP)数据

英语教学语法汉解 / 余鹏,裴育著. -- 合肥:中国科学技术大学出版社,2025.1. -- ISBN 978-7-312-06199-8

Ⅰ.H314

中国国家版本馆 CIP 数据核字第 2025TJ6225 号

英语教学语法汉解

YINGYU JIAOXUE YUFA HANJIE

出版	中国科学技术大学出版社 安徽省合肥市金寨路 96 号,230026 http://press.ustc.edu.cn https://zgkxjsdxcbs.tmall.com
印刷	合肥华苑印刷包装有限公司
发行	中国科学技术大学出版社
开本	710 mm×1000 mm 1/16
印张	13
插页	2
字数	219 千
版次	2025 年 1 月第 1 版
印次	2025 年 1 月第 1 次印刷
定价	80.00 元

作者简介

  余鹏，安徽无为人，巢湖学院外国语学院副院长、副教授，哲学博士，安徽省教坛新秀，安徽省高校优秀青年人才，合肥市高层次人才，兼任安徽省比较文学学会副秘书长、中国比较文学学会翻译研究会会员、安徽省翻译学会理事。曾任安徽三联学院外语学院副院长、翻译与比较文学研究中心负责人。一直从事比较文学、英语教学法研究，在国内外期刊公开发表论文30余篇，出版专著3部、教材1部；主持安徽省哲学社会科学规划青年项目1项、安徽省社会科学创新发展研究课题1项、安徽省高校人文社科重点课题2项、安徽省高校优秀青年人才项目1项、教育部教学研究项目1项、安徽省省级教学研究项目2项，参与省部级项目多项。曾获安徽省高等学校教学成果奖二等奖（2023年）和三等奖（2017年），安徽省"三项课题"研究成果三等奖1项。

作者简介

裴育,1998年生,安徽定远人,安徽科技学院外国语学院助教,硕士,安徽省比较文学学会秘书处秘书,巢湖学院外国语学院比较文学与跨文化研究中心研究员,研究方向为比较文学与翻译研究。主持校级课题1项,参与省部级课题3项,出版专著1部(合著)、教材1部(担任副主编)。曾获安徽省外文学会第五届皖江论坛优秀论文一等奖。

前　　言

　　语言是人类文明的重要载体,是交流思想、传承文化的桥梁。在当今全球化的时代背景下,英语作为一门国际通用语言,在构建人类命运共同体以及在世界各国开展文化交流和文明互鉴中的重要性不言而喻。然而,对国内广大英语学习者而言,英语语法一直是一个难以逾越的障碍。

　　传统的英语语法教学模式往往使学生感到枯燥乏味,多数语法规则难以被学生真正掌握并运用。不同于其他的语法书,本书受严复先生《英文汉诂》的启发,以知识谱系构建为手段,以解决语法学习中的实际问题为目标,注重母语正迁移作用。在介绍英语语法理论时,以译名释读为切入点,辅以知识图谱等可视化手段,提升国内英语学习者认知语法术语及其内涵方面的效果,为他们提供一个全新的语法学习视角和方法。

　　具体言之,本书秉承严复先生在《英文汉诂》中的开创性思想,注重语法术语汉译名的释读,深入挖掘汉译名背后蕴含的丰富语言文化内涵。通过对汉译名的细致剖析以及英汉语言对比,帮助读者更好理解和记忆英语语法规则,使枯燥的语法学习变得生动有趣。为了让读者更好地使用本书,在此作以下几个方面的说明。

1. 注重英语语法术语汉译名的释读

　　英语语法术语汉译名大多由严复先生创译,它们为英语语法在汉语中构建了一套"言说系统"。现行的英语语法汉译名中保留了很多"严译名"(严复先生翻译的英语语法术语名)或保留了其核心的汉字。这些汉译名并非随意编造,它们极具汉语"精炼""意合"的特色,不仅蕴含着丰富的中华传统文化,还凝聚了前辈学人的智慧结晶。本书通过对这些汉译名进行剖析和解读,挖掘它们的教育价值和认知作用,不仅能让读者领略汉语独特的魅力,了解祖国语言文化的博大精深,还为读者提供了理解和记忆英语语法的新途径。

　　本书注重将语法术语的汉译名与其内涵、用法相结合。例如，在解释"感官动词"(verb of senses)时，本书详细阐释了"感"和"官"这两个字的含义。"感"字表示感受、感觉，而"官"字则代表人体的感觉器官，即"五官"的感受和人体的"感觉"。这种解释方法有助于读者准确把握这类动词的本质特征和用法。具体言之，读者可以更容易理解为什么"feel"在表示"感觉"时是感官动词，而在表示"认为"时则是实义动词，从而正确判断其后从句的类型。

　　这种释读方法不仅能加深读者对语法规则的记忆，还能培养他们的语言感知能力。例如，在释读"主语"和"谓语"这两个术语时，本书不仅解释了它们在英语中的含义，还追溯了这两个术语在古汉语中的源头，让读者对这两个基本概念有更全面的认识。更重要的是，它让学习者意识到，英语语法术语的汉译名本身就蕴含着丰富的文化信息和语言智慧。为了便于查阅，本书还将《英文汉诂》中的汉译名进行整理，将它们与现译名进行对照、释读并汇编成附录附于本书后。一方面，这种做法将为读者展现汉译名创译者及近代译者在翻译英语语法术语时对中国文化的考量。另一方面，这种释读亦可作为本书对英语语法术语汉解的学理依据，为本书提供学理支撑。总体而言，本书在介绍英语语法知识的同时，注重中国传统语言文化的融入，有助于增强读者的文化自信。

2. 考虑读者的接受度，注重知识谱系的可视化

　　本书作为一本学术专著，在兼顾学术文体严谨性的同时，也充分考虑到读者的阅读体验。对于较为重要或抽象的语法知识点，为了使复杂的语法概念更易理解和记忆，本书在文字叙述后还附加了思维导图。这种做法旨在为读者提供一种直观、系统化的学习方式。这些图解不仅仅是文字内容的简单复述，而是经过深思熟虑的可视化呈现。它们将复杂抽象的语法概念转化为清晰的知识图谱，帮助读者快速把握知识要点，厘清概念间的关系。通过这些知识图谱，抽象的语法规则被具象化，读者能够更轻松地构建完整的知识谱系架构。

　　本书中相关语法知识图谱的设计从认知心理学原理出发，合理运用形状、线条和布局，力求在视觉上吸引读者，同时促进信息的有效编码和长期记忆。这种图文并茂的呈现方式不仅能够满足不同学习风格的读者的需求，还能够激发读者的学习兴趣，使枯燥的语法学习变得生动有趣。比如，在使用生成语法相关理论阐释形容词性从句的时候(第四章第三节)，我们以直观的思维导图展现了底层结构"并列句"如何通过"替换""移位"等方式，一步步生成表层结构"形容词性从句"。

此外，这些思维导图还可以作为有效的复习工具。读者可以通过回顾这些图解，快速回忆起相关知识点，巩固所学内容。对于备考的学生或需要快速掌握英语语法要点的读者来说，这些思维导图无疑是宝贵的学习资源。本书力求在学术性与实用性之间取得平衡。这种呈现方式不仅体现了作者对读者学习需求的深入思考，也是对语法教学与学习方法的一次有益尝试，是本书的特色之一。

3. 注重博采众长，融会贯通

本书在撰写过程中参考了国内外优秀的英语语法著作和认知语言学的研究成果，汲取了各家之长。作者根据多年的教学经验，结合对严复先生教育思想及其《英文汉诂》的研究成果，从汉译名的角度对英语语法知识进行了梳理和阐释。这种融会贯通的方法不仅体现在对英语语法本身的解读上，更体现在英汉语法的对比之中。

作为特色之一，本书通过英汉语法的对比，帮助读者在比较中发现两种语言的共性和个性。这样不仅有助于读者更深入地把握英语语法的本质，还能促进读者对母语的再认识。正如林语堂所说："在多数状态下面，英汉文有着意念共通的地方，如何阐明这两种文字表达方法的'不同'，实在是最有意义的事。"本书正是遵循这一理念，通过英汉对比，让读者在学习英语的同时，加深对汉语的理解。

例如，在讲解英语的时态系统时，本书并非像传统语法书那样，详细介绍每种时态的具体用法、构成和时间状语，以例句罗列的方式解释时态。相反，本书以汉语"吃"和英语"eat"不同时态变化的对比，来阐释英汉两种语言不同的"时间表达系统"，强调英语时态的学习应该以英语动词"形式"的变化为中心。通过对比，读者可以发现为什么英语需要如此复杂的时态系统，而汉语则主要依靠时间词和语境来表达时间概念。这不仅有助于读者掌握英语时态的用法，还能加深对两种语言思维方式差异的理解。又如，在介绍英语语态表达方式时，本书对"主动语态"和"被动语态"的汉译名追根溯源，引用严复先生在《英文汉诂》中对语态的描述"及物者有异声可言；声有二，施事之刚声，受事之柔声。刚声之句，其句主即事主也，柔声之句，其句主乃受事者也"，帮助读者从汉语的角度去理解英语时态的内涵。

此外，本书还注重吸收现代语言学和理论语法的研究成果，将传统语法理论与现代语言学理论相结合。例如，在讲解句子结构时，不仅介绍了传统的句子成分分析方法，还引入了现代语言学的树形图分析法，带领读者由深层结构到表层结构理解英语句子的生成方式。

4. 注重问题导向，突出实用性

就编撰体系而言，本书以问题为导向，注重语法知识的实际运用。每个章节都从具体的问题出发，针对学习者在学习过程中常见的疑难问题进行重点解析。为了使枯燥的语法学习变得生动有趣，激发学习兴趣，考虑到读者的实际阅读体验，本书避免使用晦涩难懂的语法术语。在行文方面，改用通俗易懂的语言去阐述语法理论，有的章节标题甚至直接以问题的方式设置。例如，在解释某些语法规则时，本书会提出"为什么难学""如何去学""为什么难以掌握"等问题并加以解释。又如，在对重点用法和规则进行总结时，会直接以"注意事项""注意以下几点"或以词句加粗的方式注明，甚至会使用"单项选择题"的模式来诠释某些语言现象的规则和用法。这种方法既能满足读者的好奇心，又能帮助读者更深入地理解语法规则背后的逻辑，从而在实际运用中做到得心应手。

例如，在讲解非谓语动词时，本书并非像其他语法书一样，从其"充当各种成分"到其"用法"逐一介绍，这样会让读者感觉抓不住重点。本书直击"痛点"，重点关注它的时态和语态变化，将"非谓语动词"参照"谓语动词"的语态和时态进行讲解，引导读者将"to do""doing""done"三种形式看作"非谓语动词"的"原形"。同时，作者结合多年教学经验对"to have done""having done"等易混淆的非谓语动词形式进行了分类总结。又如，在讲解"含蓄的虚拟条件句"时，作者直接绕开各种纷繁的解释，直接为读者总结出含蓄虚拟条件句的谓语动词形式只有"would/should/could/might + 动词原形"和"would/should/could/might + 现在完成时"两种。

本书还特别注重语法知识与实际语言运用的结合。每个语法点的讲解都配有大量例句。这些例句涵盖了日常对话、文学作品、新闻报道等多种文体，帮助读者了解语法规则在实际交流中的应用。同时，本书在讲解语法用法的时候还强调语法规则在写作中的运用，以提升英语句式写作的"复杂性"为导向，引导读者在认知语法规则的同时运用语法规则。此外，本书还以"单项选择题"为切入点，顺带介绍相关解题方法，对英语专业的学生备考专业四级有一定的帮助。作者一直坚信，如果可以用相关语法规则熟练地进行写作，那么解决语法测试中的选择题也会事半功倍。

5. 注重词法和句法的相互联系

本书强调词法和句法的相互联系，这基于语言学的基本认识：词法和句法是语言不可分割的两个方面。在介绍具体语法点时,本书始终将二者有机结合,帮助读者建立系统的语法知识体系。

在介绍词性时,注重词义、词性和句法成分之间的区别和联系,比如上文中对"feel"的词法和句法之间联系的介绍。同时,作者还借鉴了章振邦先生对"限定动词"和"非限定动词"的划分,以此来解释"I do not know how to teach."中"how to teach"的句法归属问题。例如,在介绍"如何判断词类在句中充当的句法成分时",本书注重引导读者结合词类的"位置""含义"进行综合判断,避免对句法成分进行"死记硬背"式的理解和记忆。

不同于其他语法书,本书在词类和句法章节后,直接介绍英语三种不同类别的从句。这是为了让读者在熟悉了词性在句中充当的成分之后,将词类在句中所做的成分直接套用到分句在主句的成分中,用来区分不同从句的类别。本书通过厘清词法和句法间之间的相同点和关联,期望帮助读者全面理解词法和句法间的相互关系,为他们提供一个完整、连贯的语法知识框架,让他们更好地将语法知识应用到交流之中。

6. 注重引导词(组)在从句中的作用

本书特别强调引导词(组)在从句中的作用,这是许多语法书忽视的方面。通过对引导词(组)的分析,读者可以更好地理解各类从句的结构和用法,从而在写作和阅读中正确使用从句,提升句式复杂性和多样性,进一步提升读者对英语句法的驾驭能力。

大多数语法书在介绍从句时只注重"引导词",而忽略对"引导词组"的介绍。例如,在介绍形容词性从句引导词时,先介绍关系代词"that/who/which",再介绍关系副词"where/why/when"。当遇到"to which"的时候,又称其为"介词+关系代词"。这样分类固然没错,但是遇到"Do not walk under a house, the roof of which is under repair."这个句子时,我们该如何称呼"the roof of which"呢?对于读者来说,运用合理的汉译名对英语语法现象和规则进行分类介绍非常有必要。因此,本书在介绍关系代词和关系副词时,引入了引导词(组)这一概念。这样一来,对于上述"the roof of which"概念的介绍就不会产生歧义了。此外,本书点明了从句必须将引导词(组)放在句首,即要符合"引导词(组)+主语+谓语"的句法基本结构。这是为了纠正中国基础阶段英语教学只强调"宾语从句要用陈述句语序",而忽略其他从句也应该用陈述句语序的做法。

7. 注重句法的相互转换

本书以提升读者的句法运用能力为导向,注重对不同类型句子之间的转换生成原理进行介绍。本书通过大量的示例和图解,将各种句式之间的转换技巧清晰地呈现给读者。这些对提升读者的句法辨析能力、增强句法写作的"复杂性"和"灵活性"等具有诸多益处。

具体而言,本书分别介绍了名词性从句、形容词性从句和副词性从句三种从句的生成方式。以名词性从句为例,相信很少有读者关注英语中"感叹句""特殊疑问句"和"名词性从句"之间的转换方式。前两种疑问句,对大多数英语学习者,哪怕是基础较为薄弱的学习者来说,一般都能轻易掌握。如果从生成语法的相关角度对名词性从句进行剖析,读者只要能写出感叹句和特殊疑问句,对它们稍作改动,就能让它们变成一个相应的名词性从句。这不仅大大简化了对名词性从句的认知过程,也降低了其运用难度,使读者可以轻松而熟练地运用名词性从句。

总的来说,限于篇幅,上述七个方面的特色只是本书众多特色中的一小部分,更多的特点还有待读者结合自身学习所需去发现。

本书由余鹏提出全书的撰写原则和框架结构。全书各章的撰写分工如下:余鹏负责前言、第一章至第十章、附录一的撰写及图片绘制;裴育负责全书图片、表格的修订及附录二至附录四的撰写。梁文斌负责全书的校对及润色工作,余鹏、裴育负责全书的定稿。

本书为安徽省教育厅2021年度高校人文社科重点项目"文化政治学视域下严复英语教育思想研究"(项目编号:SK2021A0620)、巢湖学院2022年度高层次人才科研项目"新时代基础教育英语师资核心素养与能力培养研究"(项目编号:KYQD-202202)的成果。

由于作者水平有限,书中难免存在疏漏之处,敬请各位读者批评指正!

余　鹏
2024年秋于安徽泾县钢铁厂宿舍

目 录

前言 …………………………………………………………………………（ⅰ）

第一章 绪论 …………………………………………………………………（1）
第一节 研究对象与教学语法概述 …………………………………（1）
第二节 从中国内生型外语教育思想研究中得到的启示 …………（6）
第三节 研究目的和研究思路 ………………………………………（18）
第四节 英语语法学习的必要性及路径 ……………………………（21）

第二章 英语词法与句法的联系 ……………………………………………（24）
第一节 英语句型五种基本结构及其成分剖析 ……………………（25）
第二节 名词、形容词、副词的句法作用及长难句阅读方法 ………（31）
第三节 主动词与助动词(操作词)及其句法作用 …………………（34）
第四节 词类的相对性问题及其句法体现 …………………………（37）
第五节 主句和从句的异同及其句法体现 …………………………（40）
第六节 限定动词和非限定动词及其句法体现 ……………………（43）

第三章 名词性从句 …………………………………………………………（49）
第一节 名词性从句的词法和句法释读 ……………………………（49）
第二节 "that he is a nice boy"究竟是哪一种名词性从句？ ………（51）
第三节 名词性从句的引导词及其选择方法 ………………………（52）
第四节 名词性从句的生成方式及引导词组 ………………………（54）
第五节 句尾重心与句尾焦点:同位语从句的右移位 ……………（56）

第四章　形容词性从句 (63)
第一节　定语从句、形容词性从句还是关系分句？ (63)
第二节　英汉两种语言对形容词性从句的不同认知 (64)
第三节　为什么形容词性从句的引导词称作"关系代词"和"关系副词"？ (66)
第四节　形容词性从句的引导词(组) (69)
第五节　引导词(组)的选择问题 (71)
第六节　两种属格的"异曲同工" (74)
第七节　as 引导的形容词性从句 (75)

第五章　副词性从句 (78)
第一节　副词性从句的生成方式及类别 (78)
第二节　副词性从句的引导词(组) (81)
第三节　副词性从句和并列句的区别 (83)

第六章　一致关系 (84)
第一节　主谓一致为什么难？如何才能学好主谓一致？ (84)
第二节　主谓一致的常用规则及其记忆方法 (85)
第三节　主谓一致的注意事项 (91)

第七章　谓语动词的时与体 (93)
第一节　英语时与体的概述及时态的由来 (93)
第二节　英语时态、语态汉译名蕴含的中国文化 (96)
第三节　英汉两种语言对时态的不同理解和表示方法 (98)
第四节　时态规则的相对性问题："主将从现"还是"主现从现"？ (100)
第五节　be 动词表示状态，实义动词表示动作 (102)
第六节　令人费解的时态区分 (104)

第八章　非谓语动词的时态与语态 (109)
第一节　非谓语动词概述 (109)
第二节　非谓语动词的名称汉解及其教学作用 (110)
第三节　非谓语动词的时态、语态及其要义 (111)

第四节　非谓语动词做状语的"依着关系" ……………………………… (116)
  第五节　独立结构中非谓语动词的"独立关系" …………………………… (118)
  第六节　使用独立结构时应当注意的问题 ………………………………… (122)

第九章　虚拟语气 ………………………………………………………………… (124)
  第一节　语气汉译名背后的故事 …………………………………………… (124)
  第二节　虚拟语气为什么难以掌握？ ……………………………………… (126)
  第三节　if 引导的虚拟条件句的三种变式 ………………………………… (129)
  第四节　形式相同的虚拟式 ………………………………………………… (132)
  第五节　难以捉摸的"四姐妹"：lest、in case、for fear（that）、
　　　　　　it is time that ……………………………………………………… (135)
  第六节　含蓄的虚拟条件句 ………………………………………………… (137)

第十章　教学语法中常见的高阶知识点 ……………………………………… (140)
  第一节　there be 句式的高阶用法 ………………………………………… (141)
  第二节　双重谓语 …………………………………………………………… (152)
  第三节　无动词分句 ………………………………………………………… (156)
  第四节　同位语和同位关系 ………………………………………………… (168)

附录 ……………………………………………………………………………… (174)
  附录一　严复《英文汉诂》中国语言文化一览表（部分） ………………… (174)
  附录二　严复《英文汉诂》语法术语译名对照表 ………………………… (176)
  附录三　严复《英文汉诂》语法术语译名释读 …………………………… (178)
  附录四　严复《英文汉诂》语法术语汉译名释读后记 …………………… (187)

参考文献 ………………………………………………………………………… (191)

后记一 …………………………………………………………………………… (193)

后记二 …………………………………………………………………………… (196)

第一章 绪 论

第一节 研究对象与教学语法概述

在中国,各个阶段的英语教育都会涉及语法教学,在基础阶段和英语专业的教学中,语法教学往往占据更大的比重。从市面上的英语语法书来看,主要以工具书和教材居多,以专著形式谈论英语语法的较少。即便是专门的语法专著,也兼具工具书和教材的功能。这可以理解为中国英语语法教材编著的传统。比如,中国近代意义上第一本英语语法著述《英文汉诂》就兼具教材和专著两种功能(后文对此书有专门的介绍,在此不作详述)。这是由英语语法本身的工具性所决定的。改革开放后,中国主流的三种语法教材(或专著),分别是章振邦的《新编英语语法教程》(上海外语教育出版社)、张道真的《张道真实用英语语法》(外语教学与研究出版社)和薄冰的《薄冰:英语语法》(开明出版社)。

它们也基本都是为英语教学而服务的,在被用作教材的同时,更多的是被当作学习语法和使用英语的工具书。同时,这三种语法书也是中国各高校使用面最广、再版次数最多的教材。进入新时代以来,随着各高校对教材建设的不断重视和投入,各种优秀的、高质量的、适合国内英语学习者的其他教材如雨后春笋般涌现。

上述这些英语语法专著或教材,大多没有从名称和概念上对一个问题进行说明,那就是它们所论述的究竟是哪一种语法?是教学语法还是理论语法?除了章振邦编撰的《新编英语语法教程》和《新编高级英语语法》明确指出所论述的是教学语法之外,其他著述均未对此问题进行交代。作者认为既然作为一本专门探讨英语语法的书籍,就有必要从书名上对所探讨的对象进行界定。本书所探讨的对象,从类别上看属于教学语法,因此定名为《英语教学语法汉解》。下面我们将对英语教学语法的定义、特征、教学语法和理论语法的相互关系,及其对英语教学的作用等方面作简要阐述。

一、教学语法的定义及发展历程

"教学语法"在国外,尤其是英语国家通常被定义为专门为外语学习者开发的语法体系。Newby(1989)将其定义为"为促进外语学习而开发的语法描述、材料和活动"。这一定义突出了教学语法的两个核心要素:语法描述和教学方法。教学语法不仅包括语法规则的陈述方式,还涉及如何将这些规则传授给学习者的方法论。因此,教学语法既是一套工具(如教学参考书、教材、练习等),也是一个过程,即通过适当的方法论促进学习。具体而言,教学语法的主要任务包括:为教学大纲、教材、课程或教学序列设置语法目标;制定语法规则并以解释、说明、示例或让学生自主发现等方式向学习者呈现;为特定练习和活动设定学习目标;设计和评估语法练习和活动;测试语法能力和表现。其中每一项任务都涉及"教"与"学"的各方面,具有一定的主观性和不确定性,也引发了应用语言学家之间的理论争议。

教学语法的概念可以追溯到 20 世纪 70 年代。在此之前,外语教学中的语法主要遵循传统语法模式,强调形式和结构,以句子为主要分析单位,采用演绎法教授语法规则,常用的练习类型包括填空、模式操练和句子转换等。20 世纪 70 年代末至 80 年代,随着交际法的兴起,语言开始被视为一个交际系统,语法被认为是表达意义的手段。这一时期出现了功能—概念语法的尝试,如 Wilkins 的《概念大纲》(*Notional Syllabuses*)和欧洲委员会的《入门标准》(*Threshold Level*)。然而,这些尝试在描述语法意义的系统性方面仍具有一定的局限性。

20 世纪 80 年代中期以后,第二语言习得理论的发展对教学语法产生了深远影响。以 Stephen Krashen 为代表的自然习得理论认为,只有通过无意识的习得过程才能获取真正的语言能力。这一观点在一定程度上导致了对显性语法教学的否定。相反,以 Long(2000)为代表的形式聚焦教学(form-focused instruction,FFI)理论则认识到了显性语法教学对语言习得的潜在贡献。

随着认知语言学和语言意识理论的兴起,它们为教学语法注入了新的活力。认知语言学强调语法是概念化的过程,语言知识源于语言使用。语言意识理论则强调引导学习者关注语言特征,鼓励他们运用各种认知策略自主探索语言规律。

二、教学语法与理论语法的关系

教学语法与理论语法(也称"科学语法"或"语言学语法")之间既有区别也有联系。Dirven(1990)和 Chalker(1994)等学者对两者的差异进行了深入讨论,尤其关注教学语法在多大程度上应该具有理论基础,以及这个基础应该是什么。简而言之,教学语法主要致力于将语法知识转化为可教授、易学习的形式,而理论语法主要关注语言系统的抽象描述。

在理论语法领域,存在几种主要的语法理论流派,它们对语言系统有着自己不同的描述方式和阐释路径。限于篇幅,下面仅列出它们的代表性观点及对教学语法的影响。

1. 系统功能语法

由 Halliday 创立,强调语言的社会功能和意义潜势。这种语法理论认为语言是一个意义系统,语法结构是为了实现特定的社会功能而存在的。系统功能语法对教学语法的影响主要体现在对语言功能和语境的重视上。

2. 生成语法

由 Chomsky 提出,侧重于语言的形式结构和语言能力的普遍性。生成语法认为人类具有先天的语言习得装置(language acquisition device,LAD),能够基于有限的语言输入生成无限的句子。这一理论对教学语法的影响体现在对语言规则和结构的系统性描述上,但其高度抽象的性质限制了其在语言教学中的直接应用。

3. 认知语法

由 Langacker 等提出,强调语言结构与人类认知过程的密切关系。认知语法认为语法是概念化的过程,语言知识源于语言使用。这一理论对教学语法的影响越来越大,特别是在解释语法现象的认知基础和促进语法学习的认知策略方面。

4. 结构主义语法

强调语言是一个自足的符号系统,通过对比和分类来描述语言结构。这种方法对早期的教学语法产生了较大影响,特别是在语法项目的分类和排序方面。

这些理论语法对语言系统及其运作机制进行了较为深入的剖析。遗憾的是,它们往往过于复杂和抽象,不太适合直接用于语言教学,尤其是外语教学。教学语法则与之不同,它根据学习者的认知特点和语言需求,对语法规则进行适当的选择、简化和重组。在此过程中也会用到理论语法的一些术语和概念解释方式。

教学语法与理论语法的关系是一个动态的过程。随着语言学理论的发展和第二语言习得研究的深入,教学语法不断吸收新的理论成果,同时也根据教学实践的反馈来调整和完善自身。例如,近年来认知语言学对教学语法的影响日益显著。认知语法的概念阐述方式逐渐被用于教学语法之中,这种趋势在语法的课堂教学和教材编写中尤为明显。同时,教学语法的实践也为理论语法提供了应用数据和研究视角。

比如,中国教学语法著作中较为权威的《新编英语语法教程》和《新编高级英语语法》,作者在序言中就指出,书中借用了理论语法的最新研究成果。所以,教学语法的任务是在这些理论语法的基础上,提取对语言学习者有意义和有价值的元素,并以易于理解和应用的方式呈现出来。在国外也是如此,例如,Leech 和 Svartvik(1994)的《英语交际语法》借鉴了系统功能语法的某些概念,优化了教学语法的阐释路径,以更加实用和易懂的方式呈现了教学语法的概念,降低了其认知难度,提升了学习者的学习效率。Newby(1989)提出的"概念语法"模型在认知语法的基础上,进一步融合了功能语法的某些视角,试图为教学语法提供系统的规范,并将其转化为易于理解的教学形式。

三、教学语法的主要特征

教学语法强调语法的交际功能。Widdowson(1990)指出:"正确理解的交际法并不意味着拒绝语法。相反,它涉及对语法在语言使用和学习中的中心调解作用的认识。"这意味着语法不应该被孤立地教授,而应该被嵌入到真实的交际情境中。教学语法还注重语法意义的系统性描述。Newby 提出的"概念语法"(notional grammar)模型试图为语法意义提供系统的规范,并将其转化为易于理解的教学形式。该理论不仅指明了语法形式所表达的意义,还对语法形式的编码原理进行了阐释。

受认知语法的影响,教学语法重视学习者的认知过程。从认知语法的视角来看,语言学习不是一种独立的认知能力,而是与一般认知过程密切相关。因此,教学语法考虑学习者对语法规则的感知、概念化等认知过程。比如,Newby 提出的认知学习阶段模型包括意识、概念化、程序化和表现四个阶段,每个阶段都对应特定的认知任务。这一模型有助于教师设计和评估语法活动,确保学习过程的连贯性。教学语法的发展趋势主要体现在以下几个方面:

首先,语法描述更加注重功能和意义,而非仅仅关注形式。这说明了教学语法对语言本质的深入理解,即语言首要的功能是交际,而语法是实现这一功能的手段。其次,语法规则的呈现更加强调认知过程和学习策略,鼓励学习者主动发现和构建语法规则。这种趋势体现了教学语法对学习者主体性和中心地位的重视。最后,语法练习和活动设计更加注重交际性和真实性,以支持学习者将语法知识转化为语言技能。这说明了教学语法对语言学习最终目标的关注,即培养学习者的交际能力。总之,教学语法越来越多地融入了认知语言学和语言意识理论的研究成果,强调语法学习与一般认知过程的密切联系。这种趋势体现了对语言学习心理机制的深入探索。

四、教学语法对语言教学的作用

如前所述,受认知语法的影响,教学语法越来越强调引导学习者关注语言特征,鼓励他们运用各种认知策略自主探索语言规律。当涉及语言教学时,教学语法的作用主要体现在以下几个方面：首先，它为教师提供了系统的语法认知框架，有助于制定教学目标、选择教学内容和设计教学活动。其次，它为学习者提供了清晰、易懂的语法规则描述，有助于提高语言意识和促进自主学习。再次，教学语法为教材编写者提供了语法项目的选择和排序依据，有助于构建系统化、循序渐进的语法教学体系。最后，教学语法还为语法测试和评估提供了理论基础，有助于科学、全面地评价学习者的语法能力。特别是，它强调评估不仅应关注语法形式的正确性，还应关注语法在实际交际中的有效使用。

然而，教学语法的应用也面临一些挑战。首先，如何在交际导向的语言教学中恰当融入语法教学仍然是一个难题。其次，如何平衡显性和隐性语法教学，如何处理形式、意义、使用以及学习者需求四者之间的关系，仍然存在争议。最后，如何将最新的语言学和第二语言习得研究成果转化为有效的教学实践，也需要进一步探索。

总的来说，教学语法作为连接语言理论和教学实践的桥梁，在外语教学中扮演着重要的角色。教学语法研究应当继续关注语法描述的准确性和系统性，同时也要从文化背景、母语正迁移、交际效果等方面考虑教学对象对其的认知和接受度。本书将结合英语语法术语汉译名的教学作用，从文化背景、母语正迁移以及英汉对比等方面介绍相关语法规则的实际运用。这一角度主要受中国内生型外语教育思想，尤其是严复英语教育思想及其《英文汉诂》编撰体例的影响。下面将结合中国内生型外语教育思想的意义、严复英语教育思想及其《英文汉诂》的相关内容论述它们对本书的启示。

第二节　从中国内生型外语教育思想研究中得到的启示

一、中国内生型外语教育思想研究的意义

长期以来，外语教育作为一种具有特殊文化性质的教育活动，其教育思想在中国长期以来都是内中有外，究竟是外来还是内生，一直没有定论。当涉

外语教育的国际视野和国家意识之间的关系时,常常很难执两用中。"一方面,在外语教育政策和外语教育实践中,国家意识缺席,中华文化赤字;另一方面,西方理论和模式一直主导着外语学术生产和人才培养实践。"(杨枫,2020)以至于在面对国际关系事件时,外语教育界基本集体失声,置身事外。如果外语教育中这种现象不能有所改观,任其发展,外语教育界不能自醒和自拔,"无异于心甘情愿地构建中国外语教育的转基因工程"(杨枫,2020)。"鉴于中国外语教育一直沉浸在'外来所有格'的办学事实,我们必须坚持国家意识与国际视野互为主题的外语教育原则"(杨枫,2020)。

中国前辈学人都曾对外语教育有过精辟的见解和论述,却鲜少有人用专著的形式阐述个人的外语教育思想。这些教育思想常常散见于个人的著述、文章和信件之中。因此我们有必要挖掘内生于中国的外语教育思想、教育内容和教育手段,并在外语教育中积极地传承和创新中国传统文化;在百年未有之大变局的背景下,构建中国新时代外语教育改革的宏大蓝图。

近代启蒙思想家、翻译家严复一生都在直接或间接地从事英语教育工作,丰富的中西文化交流经历让作为教育家的严复对英语教育有着超越同时代人的视域。他还用汉语编写了中国历史上第一部具有现代意义的语法书《英文汉诂》来践行他的英语教育思想。作为内生于中国的教育思想,严复的英语教育思想涉及新时代外语教育改革的几个主要话题:第一,中华优秀传统文化的传承和创新;第二,"显隐结合"的中国文化教育方法;第三,坚守中国语言文学阵地等。在此,作者将围绕严复的《英文汉诂》及其他著述,从上述三个方面对其英语教育思想进行梳理和分析,并指出其对新时代英语教育教学改革的重要价值和对本书的启示与意义。

二、严复《英文汉诂》中对中华优秀传统文化的传承和创新

综观中国历史上的教育思想,它们的形成及发展通常都要以一些哲学观点作为理论基础。会通思想是中华文化哲学的一个重要基础。诸子百家虽然立论不同,但学理相通,都存在一些彼此相通的方面。《易传·系辞传上》有云:"圣人有以见天下之动,而观其会通";司马迁认为"天下同归而殊途,一致而百虑";等等,这些论述都主张思想文化的融会贯通。严复作为中国"介绍近世思想的第一人"(高惠群 等,1992),在向中国译介西方思想文化时,这种会通思想

在他身上不仅有所体现,还得到了进一步发展。例如,在翻译西方哲学名词和概念时,严复常常使用比附的手法,用中华传统文化解释西方术语,还会在翻译中添加按语帮助读者理解。又如,严复在翻译中常用中国的儒道思想反观西方的思想文化,进行中西批评和阐释。在此过程中,他不仅将西方思想文化引介到中国,还继承和发扬了中华传统文化,为其引进了新鲜血液。

这种以中西会通的方式在创新中传承中华传统文化的做法同样也体现在他的英语教育思想中。严复(1904)认为:"故文法有二:有大同者焉,为一切语言文字之所公;有专国者焉,为一种之民所独用。而是二者,皆察于成迹,举其所会通以为之谱。""夫将兴之国,诚必取其国语文字而厘正修明之,于此之时,其于外国之语言,且有相资之益焉。"同时他还指出:"中文必求进步,与欲读中国古书,知其微言大义者,往往待西文通达之后而后能之。"(严复,1986)在严复看来,中西会通的思想同样适用于英语教育与学习。一方面,语言具有普遍的规律,而从事英语教育就应该从两种文字入手,对两者进行对比,并从中加以融会贯通,探寻和总结它们之间的规律,使它们可以相互阐释。另一方面,语言文字的继承和发展是一个国家兴旺的标志,而英语教育可以起到中西互补之效,有助于中国语言文字的发展。具体言之,严复认为在英语教育中融入中国文化具有以下几个方面的益处:第一,在母语文化的帮助下,有助于中国学习者学习和掌握英语语言规则;第二,将英语教育同中华传统文化教育结合是对中华传统文化的一种继承,通过英汉对比,不仅可以提高中国学习者的英语水平,同时还可以加深他们对母语文化的认识,对他们精通汉语有诸多益处;第三,在国民英语教育这种宏观的教育活动中践行中西会通的思想,可以为中国文字及文法引入新鲜血液,以达到英汉互鉴、借英补汉之效,有助于推动中国语言的进一步发展。

上文提到,严复不仅从中西会通的文化哲学角度对中华传统文化融入英语教育进行了论述,还在其专著《英文汉诂》中践行了这种教育思想。作为近代中国英语教育史上一本重要的语言学专著,该书的出版和发行在当时引起了极大的反响,对英语语法在中国的普及、英语语法汉译名的确定以及后来的中国英语语法教材的编撰等诸多方面都产生了极为重要的影响。周作人(2002)曾评价该书"集学术性和趣味性为一体,用语多古雅可喜耳,同时又兼有中西语言文化教育上的价值"。纵览该书,不难发现,《英文汉诂》并非一本单纯介绍英语语法的语言学著作,而是一本融入中西语言文化知识、中华民族意识、思维模式及精神内涵等诸多因素的文学文化著作。该书通过语言的互动实现了英汉文化在哲学、历史、意识形态等更高层面的沟通。就继承中华传统文化方面而言，主要体现在该书的语言文体和示例引文两个方面。

第一，语言文体方面。该书通篇采用"先秦"文体介绍英语语法，行文雅驯，读起来极具美感。对于英语一般现在时的用法，严复（1904）在《英文汉诂》中是这样进行表述的：

言时所见，物理公例；
习见之事，史传中事；
记者写生，若亲见之；
虽指后来，其时已定。

在这里，严复使用汉语四字结构对英语一般现在时的用法进行了概括。若不知情，初见者仿佛是在读一首古诗，绝对想不到这是对英语时态的译介。这样的例子在《英文汉诂》中随处可见。时至今日，读者依然会被这些言简意赅、节奏明快、极具美感的文字所折服。众所周知，四字结构是汉语表达的精髓所在，这样的行文无疑能够体现出汉语之美。相比教科书中说教般的定义，这样的行文来得更加生动，便于英语学习者记忆，为英语学习平添了几分乐趣。通过运用这样的文体风格，严复在译介英语语法的同时自然而然地将汉语的美感展现在读者面前，将英语教育和中华传统文化教育有机地结合在一起。

第二，示例引文方面。该书中对英语语法术语的译介和阐释不仅附有汉语例句，而且还将其同汉语语法现象进行对比，这些示例和引文均选自中国典籍或者相关典故。作者对其进行了粗略的统计，具体见表1.1。

表1.1 《英文汉诂》部分汉语典籍或典故引用一览表

英语语法术语	示例/引文具体内容	典籍/典故出处
名词	鸢飞戾天，鱼跃于渊	《诗经·大雅·文王之什·旱麓》
代词	吾亦欲东耳，安能郁郁久居此乎	《资治通鉴·初，淮阴侯韩信》
动词	瞽叟杀人，舜为天子	《孟子》
副词	啬啬恶寒，淅淅恶风，翕翕发热	《伤寒论》
副词	皎皎白驹	《诗经·小雅·白驹》
副词	突如其来如，焚如，死如，弃如	《周易》

续表

英语语法术语	示例/引文具体内容	典籍/典故出处
介词	云淡风轻近午天	《春日偶成》
	束带立于朝	《论语·公冶长》
	以杖叩其胫	《论语·宪问》
助动词	奚以之九万里而南为	《逍遥游》
	技经肯綮之未尝	《庄子·内篇·养生主》
词性辨别	文从字顺各识职	《南阳樊绍述墓志铭》
词性变化	如恶恶臭,如好好色	《礼记·大学》
词类	春风风人,夏雨雨人	《说苑·贵德》
及物动词	高力士脱靴	文化典故
不及物动词	赠季子金	文化典故
	投其璧于河	《左传·僖公·僖公二十四年》
最高级	西南夷君长以什数,夜郎最大	《史记·西南夷君长以什数》
指示代词	其心休休焉	《尚书·周书·秦誓》
主动语态	僧敲月下门	《题李凝幽居》
被动语态	白发终难变,黄金不可成	《秋夜独坐》
过去进行时	欧阳子方夜读书	《秋声赋》

如表 1.1 所示,《英文汉诂》中凡是汉语的例句均来自《诗经》、《史记》、《论语》、《左传》、唐诗宋词等典籍或取自相关的中国文化典故。限于本书的篇幅,表中列出的仅为部分例句,书中诸如此类来自中国典籍、典故的例句比比皆是,不胜枚举。作者在研读此书时,对其中的中国语言文化典故、例句及译名进行了大致的分类,详见附录一。不夸张地说,通过这种方式将中华传统文化融入英语教育,在中国英语教育史上仅有严复一人。作者认为,这样的做法与严复本人的语言文字观有着密切的联系。严复本人崇尚古文的"雅驯"文风,反对"利俗"文字。虽留学接受过西式教育,但他仍然是古典文学及"先秦"文体的忠实捍卫者;虽极力推行英语教育,但作为一位思想家、教育家,他能站在中西文化交流的制高点,坚守和传承中国的语言文化,守住一位中国教育者的"初心"。

在《英文汉诂》中,严复除了竭力地继承和弘扬中华传统文化,还通过英汉互阐、借英补中的方式,对中国传统语言理论进行创新,利用英语语法理论构建中国语法理论框架。众所周知,中国传统文论向来重个人感悟、轻理论总结,当这一传统体现在中国传统语言研究中时,便逐渐演化为注重个人对语言使用的体会和感悟,忽略对语言现象和规律的总结。就中国传统语言研究而言,仅有"训诂学"可以视作中国古典的语法学,且训诂学在中国传统诗学中一直被视为"小学"的一个部门,旧时并非学界研究的重点,仅将其作为释读古文的工具。受此影响,汉语自古并无"语法"一说。身为学贯中西的语言大师,严复深谙此情,因此,在编撰《英文汉诂》时,他积极地利用英语语法构建汉语的语法理论,对中国传统语言理论进行创新。具体言之,主要体现在理论构建和理论引入两个方面。

第一,理论构建。严复采用英国语言学家 Charles Peter Marson、Richard Morris 的相关理论,比照英语语法,将汉语词类划分为名物部(名词)、称代部(代词)、区别部(形容词)、云谓部(动词)、疏状部(副词)、介系部(介词)、挈合部(连词)、嗟叹部(感叹词)。值得一提的是,严复在使用英语语法理论构建汉语语法框架时,并非一味地照搬,而是在批判和对比中使用这些理论。

第二,理论引入。在英汉语言对等方面,严复借鉴英语语法去构建汉语语法系统;对于两种语言中诸多不对等的地方,尤其是汉语语法理论中的"缺类"现象,严复则通过引入英语语法理论和创造"译名"的方式对汉语的语言现象进行概括和归纳。例如,汉语句法中一直没有复句的概念。严复的《英文汉诂》在译介英文句法时,首次将英语"复句"的概念引入汉语,并对汉语句法进行分类。虽然他没有直接使用"复句"译名,而是使用"繁句"这一译名,但实际上,严复所指的繁句即复句。通过对现代汉语句法概念的形成进行溯源考察,作者发现,现代汉语中对句法的划分及"复句"概念的使用确实滥觞于《英文汉诂》对英语句法理论的译介。总而言之,该书中还有很多借用英语语法对汉语语法进行理论构建的例子,限于本书的篇幅,在此不一一列举。

三、严复《英文汉诂》中"显隐结合"的中国文化教育方法

上文提到,《英文汉诂》是严复英语教育思想的集中体现。严复运用该书的语言风格、编撰特色、汉语例句等诸多"显性"因素在进行英语教育的同时对中国读者进行传统文化教育。除去这些"显性"的中华传统文化教育因素,该书的名称则可以认作一种"隐性"的教育因素,它像一条主线,统领着该书中英语教

育和中华传统文化教育相结合的思想。为了了解严复在英语教育中对中国文化传承和创新的良苦用心，我们有必要对该书的命名过程作一番考察。

该书从编撰到出版仅历时一年左右，时间虽短，却几易其名。1903年，严复的弟子熊育锡来北京探望他，态度殷切，嘱托他一定要编一本语法书，以帮助中国学习者解决英语学习中的困难。该书最初命名为《英文汉读》，几个月过后，书成，严复将书名改为《英文汉解》。直到1904年正式出版之时，该书才最终定名为《英文汉诂》。从最早的《英文汉读》到《英文汉解》，再到最后的《英文汉诂》，不难看出严复对该书名称的深思熟虑。陆机有言，"立片言而居要，乃一篇之警策"，中国历代文人向来重视篇名、书名，严复亦是如此。从书名中最初的"读"到后来的"诂"，一字之差，体现出严复中西会通的教育思想以及在此过程中他对中华传统文化的考量及尊重。具而言之，"诂"来源于"训诂"一词，代表的是中国传统的语言文字之学。训诂学是中国历代文人释读文化典籍的法门，作为中国传统文学研究的重要工具，可以说没有读书人不通习训诂学的。在书名中使用"诂"字，想必严复也受此影响。

根据近代训诂学著名学者黄侃（字季刚）先生的定义："诂者，故也，即本来之谓。训者，顺也，即引申之谓。训诂者，用语言解释语言之谓。若以此地之语释彼地之语，或以今时之语释昔时之语，虽属训诂之所有事，而非构成之原理。真正之训诂学，即以语言解释语言。初无时地之限域，且论其法式，明其义例，以求语言文字之系统与根源是也。"（黄侃 等，1983）从黄侃对训诂学的解释中，我们基本可以了解训诂学三个方面的内容：其一，训诂学的研究对象是"解释语言"，这种语言不限于时间或地域；其二，训诂学的理论和研究方法，即"法式"和"义例"，是通过语言去解释语言，"以此地之语释彼地之语，以今时之语释昔时之语"；其三，训诂学的研究目的，即"求语言文字之系统与根源"。不难看出，黄侃对训诂学的解释恰好符合严复中西会通的英语教育思想，同时也符合他理想中的英语和中华传统文化相结合的教育模式。由此，我们大致可以推出严复在书名中最终使用"诂"字的背后原因：第一，没有限定语言的研究范围，该书的研究对象虽然是英语但也包含对汉语的研究；第二，采用语言解释语言的理论和方法，该书使用汉语典籍典故去释读英语；第三，求语言文字之系统与根源，该书的研究目的是探求英汉语言之间的规律和根源，让读者习得英文，同时也应对其提高汉语水平有诸多益处。

上述这些契合之处，我们可以在严复同熊季廉的通信中找到相关佐证。在信中，他提到"窃意此书出后，不独学英文者门径厘然，即中国之文字语言，亦当得其迥照之益也"（严复，2004）。严复认为，《英文汉诂》通过汉语典籍典故阐释英语语法的编撰方法，不仅会对读者的英文学习大有益处，同时对于提高他们的汉语水平也是有诸多益处的。严复（1904）在《〈英文汉诂〉卮言》中对于书名也给出了自己的解释："旁行斜上，释以汉文，广为设譬，颜曰《英文汉诂》。"综上所述，此书名从另一个角度体现出了严复英语教育思想中西会通的文化哲学性，正如此书的英文名称 English Grammar Explained in Chinese 所示，通过汉语解释英语语法。由此不难看出，严复通过《英文汉诂》的英、汉文书名的"隐性"暗示，以及书中编撰、行文、示例等具体的"显性"形式，形成了一个"显隐结合"的"闭环"。这些"显隐结合"的做法形成一股合力，引导读者自觉或不自觉地进行中西文化的对比，让该书在英语教育过程中自然而然地融入中华传统文化的教育。这种"显隐结合"的育人方式不仅体现出严复这位教育家的良苦用心，更体现出他继承和发扬中华传统文化的"初心"。

四、严复在英语教育中对中国语言文化阵地的坚守

严复作为近代英语教育的倡导者和推行者，在宣扬英语教育诸多好处的同时，并没有盲目地追随当时洋务运动中的一些主流观点，如"全盘西化"或"中学为体，西学为用"；而是在此过程中以一位教育家的理性态度，站在国家文化安全和教育发展的高度，对当时的主流观点进行了批判，同时也对英语教育及其与中国国家安全、中国文化之间的关系进行了科学而严谨的分析。他的这些分析和论述主要表现为在英语教育中对中国语言文化阵地的坚守。例如，当时洋务派主流的英语教育观点主张教材选用西方译本，并让外国人进入学校从事教学和教材的翻译。严复（1904）极为反对这种观点，他指出："浸假乃徧于党庠术序之中，而吾之典籍文章，所谓支那之国粹者，举以扫地，此亡国沦种之先驱也，又恶乎可？……乌有异言之人，接迹于学校，操其贱业，以比诸吾国经史之列者乎？"在严复看来，如果学校的教材都从西方翻译过来，在学校中与中国圣人的典籍文章相提并论，那么中国国粹将会颜面扫地；更不能让操着异国语言的外国人掌控学校教育，尤其是课堂教学。严复的观点虽具有一定的文化优越感，也带有一定的局限性，但相比于当时的主流观点来看，还是极为理性的。严复认为推行英语教育绝对不可以全盘西化，其中至关重要的两点就是教学内容和

教师。他认为学校不能仅仅教授西学，从事教育工作的不能全是外国人。因为那样一来，中国语言文化将会面临严重的危机，这一点关乎国家的前途命运，必须加以重视。除了对主流观点进行批判外，他还对英语教育的方式进行了分析，并提出了自己的建议。

在《与〈外交报〉主人书》中，严复就不同阶段的英语教育方式、内容及师资进行了论述并提出在不同的层次采用不同的教学内容和教学方式。他的建议可以归结为以下两点：第一，将英语教学分为三个阶段，即小学堂、中学堂和高等学堂。第二，对不同阶段的课程设置和教师配置进行了划分。小学堂教学内容仍应以旧学为主，不宜传授英文，教育部门可以适当选用一些浅显易懂的英文材料，作为学习英文的启蒙和预备，教师必须全部聘用中国人。中学堂阶段应该以西学为主，中学为辅，西学内容占据十分之七左右，西学内容用英文教学，但是教师仍应该是中国人，高等学堂里西学的专门学科教师才可以全部聘用外国人。

如今看来，严复对于英语教育的预想及分层教学的架构，依然是具有指导性的。一方面，严复提出英语教育在国民教育体系中的比重分布应该是循序渐进的。他强调小学堂阶段应该以汉语为主，学生应该打好汉语及国学基础。这反映了严复在推行英语教育的过程中极为重视对中国传统语言文化的教育和保护，并非极端地推行西化教学或者揠苗助长式的教学。另一方面，严复反对在基础教育阶段的英语教育中聘请外国人任教，这体现了严复在英语教育中对教学规律的掌握，尤其是文化教育底线的把握，强调国家的教育活动不能经他国人之手，这是严复英语教育思想中国家意识的重要体现。

通过上文的分析，我们可以看出严复早在百年前就站在国家语言文化安全的高度，对英语教育进行了理性的分析和研究。他的英语教育思想具有鲜明的国家意识和中华传统文化传承意识，具有一定的超前性和预见性，对当下的外语教育具有重要的指导意义和借鉴价值，具体表现为以下几个方面：

首先，严复英语教育思想及其实践为新时代外语教育树立了传承和创新中华优秀传统文化的典范。《英文汉诂》一书的编撰指导思想和特色是严复英语教育思想的具体体现，该书是在英语教育实践中传承和创新中华优秀传统文化的典范。从指导思想而言，它展现了严复在英语教育中的中西互阐、中西互鉴、中西互补的比较思想和会通思想；从具体实践而言，它体现了严复在译介英文语法的同时，广泛地引用中国典籍典故进行中西互阐。与此同时，严复在该书中并没有照搬英语语法理论,而是批判性地使用它对汉语语法进行构建,推动了英语语法的"中国化"。严复不仅在英语教育过程中继承了中华优秀传统文化,同时也对汉语语法的现代化进程作出了极为重要的贡献,并以全新的视角对中华优秀传统文化进行了继承和创新。这些具体的做法对当下英语及其他外语类课程的思政类建设和研究具有重要的指导价值和启示意义,尤其为外语教育和中国文学文化教育相结合的具体做法提供了素材和样板。

其次,严复英语教育思想及其实践为外语类课程思政中"显隐结合"的中华传统文化教育方法提供了具体范式。严复通过《英文汉诂》的英、汉书名及书中行文、示例、引文等使该书形成了一个"显隐结合"的"闭环",充分体现了全程育人的形式。这些"显隐结合"的做法形成一股合力,把国家意识、中华文化传承、知识和技能传授融合在一起,将英语教育同中华传统文化教育有机结合起来,促进英汉教育协同发展。这些做法极为契合当下知识传授、价值塑造和能力培养等多元统一的课程思政结构,为当下外语类课程思政的教育方法、教育内容、教材编写提供了具体参照。

最后,严复英语教育思想强调坚守中国语言文化阵地和增强文化自信,具有鲜明的国家意识,对增强当代外语教学中的国家意识、提高当代外语教育的理论站位具有指导意义。严复是近代最早提出英语分级教学的教育家,他提出英语分级教学的目的就是保护中国语言文化。他提出中小学英语教师必须是中国人、国家的外语教育不能经他国人之手等诸多观点,在英语教育极为普及的当下对维护国家文化安全、构建中国外语教育界意识形态安全体系具有重要的指导价值和现实意义。

严复作为一位教育家,能站在中西文化交流的制高点理性地看待英语教育,坚守和传承本国的语言文化,维护国家语言文化安全,守住了一位中国教育者的"初心"。严复的英语教育思想具有鲜明的国家意识和中华传统文化传承意识,他的英语教育思想及具体实践很好地诠释了在英语教育中对中华优秀传统文化的继承和创新;同时强调了在英语教育中坚守中国语言文化阵地和增强文化自信的重要性。严复的英语教育思想作为中国内生型外语教育思想的代表,为当下外语类专业课程思政建设提供了具体范式。他的英语教育思想对新时代中国外语教育改革具有重要的指导价值,可以激发学界进一步挖掘和研究中国内生型外语教育思想,为描绘新时代中国外语教育改革的伟大蓝图,向世界传递中国声音、讲好中国故事,贡献中国外语界的一份力量。

五、严复《英文汉诂》对本书书名及编撰思想的启示

长期以来,英语语法的学习都是采用"教师教,学生背"的模式。学生大多照着各种语法名称的定义去背诵,再结合教师给予的例句去理解,学习效果不尽如人意。这样的语法教学方式让传统的英语语法课程枯燥无味,英语语法也因此成为大多数中国英语学习者的"软肋",这不仅影响了英语语法的教学效果,也在一定程度上使英语学习者谈语法"色变"。众所周知,中国英语学习者从接受英语语法教育开始,所用的教材和授课语言以汉语为主,尤其是使用汉译名去理解英语语法术语及其概念。这就为中国英语学习者学习英语语法构建起了一个汉语的"言说系统"和"认知框架"。遗憾的是,我们会将这些汉译名当作一个知识点的"符号"或"代号",很少有人重视这些汉译名的教育意义以及它们在英语语法学习中的作用。我们是否曾思考过这样的问题:这些现行汉译名的源头是什么?这些译名背后体现出了早期学人什么样的思想和动机?它们对语法学习有何助益?通过上文对严复教育思想及其《英文汉诂》的梳理和分析,我们会找到这些问题的答案。

严复在编撰中国第一本近代意义上的英语语法专著《英文汉诂》时,创译了为数众多的译名。除此之外,他还借用英语语法对词类的划分方法对汉语词类进行划分,并开创性地指出,汉语除了具有英语的八大词类外,还比英语多一类词,即"语助词",如"焉、哉、乎、也"等。从某种意义上看,严复在《英文汉诂》中通过对英语词类的译介基本构建起了较为完整的汉语词类系统。同样,这种会通思想也影响着中国近代语言学家马建忠。马建忠先生参照拉丁文法和英语语法编撰了中国第一本现代意义上的汉语语法专著《马氏文通》,构建了中国现代汉语的语法体系。由此可见,严复和马建忠等对英语语法术语的创译、译介和借鉴,背后主导的思想应该也是会通思想,其初衷是能够中西互鉴、中西互通,在中西对比中介绍和译介英语语法理论。比如,严复在《英文汉诂》中最早将"predicate"译成"云谓部",现译为"谓语"。就该词的汉译名演变而言,两者的共同之处是都选用了汉语中的"谓"字。"谓"在汉语中有"说""称为""评论""说明"等意思。在《诗经·小雅·宾之初筵》中有一句:"醉而不出,是谓伐德。"这里的"谓"是"为"的通假字,意思是"是",相当于英语中的"be"。章振邦(2012)认为:"谓语是相对于主语而言的,它在句中是对主语加以说明的部分,

在现代英语中,谓语是动词性的,谓语通常比主语长一些,结构也复杂一些。"根据章振邦对谓语的定义,"谓"的汉语含义基本涵盖了谓语的意义和作用,因此,不难看出,严复当初选用"谓"字作为译名不无道理,实为精辟之作。

作者将严复《英文汉诂》中语法术语的最早译名和现译名进行了对比,发现现译名多数保留了早期的译名,虽然现译名作了一些改动,但大多沿用了首译名中的核心汉字。这反映了严复的首译工作是具有开拓性意义的。至于为何其译名能够为后世一直使用,也许是因为这些译名不仅准确地反映了英语语法术语的内涵、意义和作用,同时读者在读到这些汉译名时能够"顾名思义",大致掌握这些语法术语的含义和用法,自觉地通过母语语法认知和对比,习得英语语法规则。

著名语言学家王力在论述外语教学时曾经提到:"最有效的方法就是中外语言的比较教学。"著名英语教育家陆谷孙也曾强调我们的母语在英语学习时的作用:"我很希望大家能够在学英语的同时,好好地跟汉语比较,然后多做一点翻译。这样就能在英语操练的同时,提高自己的汉语。在学英语时要时时把它与汉语进行比较,形成两个'语言频道',思维的自由转换才是更高的境界,切不可失落汉语这个中国人的'魂'。"因此,我们在学习英语语法的时候,应该对英语语法的汉译名加以重视,结合其用法,对其汉译名进行思考并加以联想。这样一来,不仅能够加深我们对英语语法规则的记忆,同时也能够让我们更深刻地理解译名背后的意义。

例如,英语中的"verb of senses",汉译名为何叫作感官动词?它在鉴别感官动词与其他动词时有何作用?细读译名可知,这里面有两个汉字"感"和"官",那么应该是表示五官感觉和感受的时候它们才能称作感官动词,否则就是其他类别的动词。例如,"feel"在表示"感觉"的意思时它才是感官动词,后面若接从句,那么就应当是表语从句。换言之,当"feel"表示"认为"的意思时,它就是实义动词,那么它后面接的从句应当就是宾语从句。所以,从名称去辨别词性和用法不失为学习英语语法的好方法,可以使我们事半功倍。

受此影响,本书在诠释大多数英语语法时都尽可能地以浅显易懂的语言,从名称的角度释读英语语法的汉译名同它的内涵、用法之间的关系,以此帮助读者从另外一个角度掌握英语语法。

第三节 研究目的和研究思路

进入新时代以来,国家的"一带一路"发展倡议、构建人类命运共同体等重要战略理论,让中国日益走近世界舞台的中心。国家对于外语人才的需求越来越迫切,对外语人才的要求也随着时代在变化。尤其是对外语人才的国家意识和中华优秀传统文化的传承和继承意识等方面的要求不断提高。此外,英语教育还具有特殊的政治和文化属性,它是外语教育中受教育人数最多的一个语种。因此,我们更应当注重在教育过程中加强国家意识、中华优秀传统文化的融入。

众所周知,英语专业大多数教材或书籍均用英语编写,但英语语法教材或专著却是其中为数不多使用汉语编写的。① 同时,英语语法的学习又基本贯穿中国英语教学的各个阶段。相对于英语学习的其他方面而言,英语语法书在增强文化自信、继承和创新中华优秀传统文化等方面具有其他课程书籍不具有的优势,可以更好地为增强英语人才的文化自信和国家意识而服务。综观中国现有的英语语法书,此方面的工作还有待深入,目前未能有效发挥这种优势,主要体现在以下几个方面:

首先,未能体现"英语语法中国化"的特点。英语作为世界通用语言,不同的国家和民族在开展英语教育时,都会或多或少地融入本民族的语言文化教育。这样一来,在提高英语教育效率的同时,也体现出了国家意识和文化自信。从中国目前英语语法专著的编写情况来看,虽然有不少学者在此方面作了各种努力,但有些方面还有待进一步深入,主要表现在对英语语法术语汉译名的教育作用和价值的挖掘不够深入。

如前所述,英语语法的汉译名并非随意编造,而是饱含中国前辈学人在创译英文语法术语时的深思熟虑。现行的英语语法术语的汉译名大多源自严复的首译或保留了其中的核心汉字,如"虚拟""祈使""无定式""称代"等。这些译

---

① 受英语语法本身"工具性"的影响,中国高等学校英语专业使用的并非全是教材类型的语法书,有的也将英语语法专著或工具书当作教材使用。

名不仅彰显了中国博大精深的语言文化和文字魅力,也准确地反映出了相关英语语法术语的内涵、意义和用法。它们在汉语中为英语语法构建了一套"言说系统",为英语语法的中国化作出了极为重要的贡献。

遗憾的是,虽然这些译名被保留了下来,但它们在中国英语教育中的作用和价值长期以来一直未能得到中国英语教育工作者的重视,未能得到深入挖掘和运用。具体言之,在教学过程中语法术语的汉译名及其所反映的英语语法理论与内涵并没有被教育者联系起来,而是被生硬地剥离。语法理论的阐释一般以"说明文"的文体或以"演绎法"的方式呈现,如同说教般的定义,可读性较弱。也许正因如此,对于大多数英语学习者而言,学习英语语法是一件极为枯燥的事情。

其次,未能突显汉语作为母语的正迁移作用。如前所述,英语语法教材是中国英语教育中为数不多使用汉语编写的书籍,但在实际编写中却未能体现出母语在英语语法教育中的正迁移作用。母语的正迁移对外语习得有促进作用。因此,在编写针对中国英语学习者的英语语法书时,如果能够突出这种正迁移的手法,帮助学生找出英汉两种语言的共同点和相似之处,以促成正迁移的形成,不失为一个事半功倍的办法。比如,在介绍英语句法时,可以在总结英汉两种语言异同的前提下,以对比、互鉴的方式促成正迁移的形成。又如,在编写词法部分时,对于英汉意义完全对等的词,如"tank"(坦克)、"hamburger"(汉堡包)等音译词以及"Microsoft"(微软)、"hardware"(硬件)、"pen-friend"(笔友)等可以为学习者记忆词汇提供捷径。书籍作者可以利用这类词汇帮助学习者举一反三,迅速扩大词汇量,同时还能增加书籍的趣味性。

最后,未能充分发挥对中华优秀传统文化的传承和教育功能。中华传统语言文化教育是英语人才培养中必不可少的一环,但现有的英语语法书籍在此方面还有待进一步深入。相信大多数读者都是在学习了英语语法之后,才对汉语语法有了进一步的了解。这种情况也情有可原,如前文所述,现代汉语的语法体系是马建忠在中国古代汉语的基础上,吸收借鉴英文语法和拉丁文语法而创立的。所以,在我们完全掌握了英语语法之后,对我们了解现代汉语语法也有诸多益处。这只是习得英语语法促成汉语语法学习的一个必然结果,我们更应该注重的是英语语法自身的教学过程,尤其要注重在这个过程中进行英汉语法的对比,融入中华优秀传统文化。

要做到上述两点,问题又回到英语语法汉译名本身。一方面,教师在教授英语语法的过程中,应对译名的来龙去脉加以释读,比如英文中的"pronoun",严复译为"称代",现译名为"代词"。在介绍译名演变的过程中,应适时增加汉语代词的介绍。通过这种对比,不仅有助于学习者对英语代词的认知,同时也进一步加深了他们对汉语代词的理解。另一方面,在译名释读的同时,教师可以对译名背后的中华传统文化进行整理和挖掘。比如,严复在首译中将"voice"译为"声",主动语态(active voice)译为"刚声",被动语态(passive voice)译为"柔声"。这源自我国古代《易筋经》,发声有刚声和柔声,刚声以发力为主,柔声以受力为主。如果从这个角度去介绍英语语态,在融入中华传统文化的同时,还增加了英语语法学习的趣味性。

鉴于此,本书以增强文化自信、传承中华优秀传统文化为目的,努力融合英语语法和汉语语法教育,体现"英语语法中国化"的特色。在书籍的编撰过程中,发挥汉语为编撰语言的特殊优势,进行英语语法汉译名的释读,积极融入中华优秀传统文化,在英语教育中积极地传承和创新中华传统文化,描绘我国新时代外语教育改革的宏大蓝图。具体思路如下:

首先,深入挖掘英语语法术语汉译名的教育作用和价值。在英语语法术语介绍部分,适时增加汉译名来源的论述,并以中国传统训诂学的学理范式对其汉译名进行剖析,将剖析过程和术语解释结合在一起,尽可能体现汉译名剖析和语法理论介绍的有机统一。通过这种方式,本书将最大程度地发挥汉译名在英语语法教育过程中的作用和价值,体现出本书在介绍英语语法理论过程中学术性、理论性、可读性、趣味性的多元统一。

其次,积极发挥母语的正迁移作用。通过英语语法术语的译名介绍、英汉语法对比等手段,挖掘母语在英语语法教学中的正迁移作用。着重关注学生语法运用中的弱点和难点,通过使用英汉语法的对比帮助他们理解和习得英语语法,同时也加深他们对汉语语法的认知和运用,让学生的英汉语法学习相得益彰,培养英汉比较思维,引导他们在比较中发现英汉语法的相同点和不同点,探寻英汉语言的共同规律。

最后,融入中华优秀传统文化。本书将利用英语语法书使用汉语作为编撰语言的独特优势,以增加汉语语法比较为手段,在英汉例句选用等方面积极融入习近平新时代中国特色社会主义思想、社会主义核心价值观以及中华优秀传统文化。

第四节 英语语法学习的必要性及路径

任何学习都是一个知识积累的过程,不是一蹴而就的。语言的学习更是如此,曾经有人说过:"语言是活的,像人,像河,总是在变。"因此,语言学习是一件持续的事情。我们的母语学习亦是如此,即便我们每天都在使用汉语,我们也不能说我们精通汉语,而是在日常使用和交流的过程中不断丰富和提高我们对母语的认知。这是对语言习得较为客观和科学的认知,也是我们学好英语语法的第一步。

不同的语言环境将语言学习者划分为不同的类别,决定了不同群体英语语法学习必要性的差异。对于将英语作为母语或第二语言的学习者来说,他们通过所处语境对英语语言的习得要远高于单纯通过语法规则对语言的习得。与之不同,中国英语学习者是 EFL(English as a foreign language),即将英语作为外语的学习者。我们并不具备通过语境自然习得英语的条件,因此通过语法规则对语言的习得不仅是较为客观和科学的路径,也是我们的必经之路。

既然英语语法的学习是必需的,那么摆在我们面前的问题就是通过什么样的路径和方法才能将语法学会、学好、学精。对于这个问题的回答,仁者见仁,智者见智。作者不期望能够全面总结英语语法学习的各家之言,也不期望能够总结出一条"放之四海皆准"的成功秘诀,只想结合十几年的英语语法教学体会,谈几点自己的看法,希望对各位读者的语法学习有所助益。一家之言,姑妄论之,不足为训。

一、正确处理语法"大规则"和"小规则"学习的关系

对于英语语法的学习要注意区分其"大规则"和"小规则"。我们可以从以下几个方面来谈论什么是"大规则",什么是"小规则"。从语言的使用场合来看,所谓"大规则"就是那些日常交流中经常使用的语法规则,如句子的基本结构、主谓一致、常用的时态、情态动词的用法等;"小规则"则是那些用在特殊文体中的规则,如"双重谓语""移位修饰"等。

从语言发展规律来看，"大规则"是指那些在语言发展过程中一直保留未变，或者变化很少的规则，如"情态动词之后要用动词原形"；"小规则"则是指那些随着社会历史发展而不断变化的规则，比如，英式英语中要求第一人称表示一般将来时要用"shall"，而不能用"will"，但现在两者已可替换使用。

从学科的定义规则来看，"大规则"是指那些规定性的定义。比如，在虚拟语气中，一些表示"命令""建议""请求"含义的词语，应用"(should) + 动词原形"构成虚拟式；"小规则"则是指那些描述性的定义，如在由"for fear (that)"构成的虚拟语气中，既可以用"各种情态动词 + 动词原形"，也可以用过去式及动词原形构成虚拟式。因此，在学习过程中我们要有主次之分，要合理区分英语语法学习中的"大规则"和"小规则"，将主要的精力放在对"大规则"的学习之上，构建自身对英语语法认识的"框架"，在日后的学习和使用中，不断丰富对"小规律"的积累和认知。

二、正确处理语法规则认知、记忆与运用之间的关系

经常有英语学习者会提出这样的问题："我想把英语语法学好，是不是要买一本比较好的语法书，从头读到尾，再做相关的题目？"我们暂且不讨论这种做法的好与坏，只想借助这个问题探讨如何处理语法规则的认知、记忆与运用之间的关系。

首先，对语法规则的认知与记忆。作者在上文中已经提到了语法中的"大规则"与"小规则"之间的区别，那么我们再结合这些区别谈一谈"学习语法是否应该死记硬背"这个问题。背诵和记忆这一环节对于任何知识的学习都是必不可少的，语言学习更是如此。相对于语法学习而言，语法中的"大规则"在习得的过程中，必须要加以"背诵"和"记忆"，但并非一味地死记硬背，而是有法可依，有章可循。在背诵的过程中，我们应该重视语法规则汉译名和汉语解释的作用，尽可能地通过联想和理解的方式去记忆。其中的缘由作者在上文中已经提到，在本书的正文中作者也会视情况针对相关语法术语的汉译名进行释读，帮助读者加深对语法规则的认识和记忆。

其次，厘清语法规则记忆与运用的关系。如果说对英语语法规则的认知和记忆是一种"输入"，那么在实际运用中有意识地运用就是一种"输出"。这种语法规则中的"输入"和"输出"并不是相互孤立的，而应该是相互统一的、同时的

和有意识的。比如，在阅读的过程中，我们不仅仅要注重对英语原文意思的获取，而且要有意识地注重对其句法结构和用法的辨认和赏析。在阅读的过程中，我们可以多问问自己："作者在这里用了什么样的语法规则？""他为何要使用这样的语法规则？""是他个人的语言习惯还是为了表达的多样化而刻意为之？""如果让我表达这样的语义，我会用这样的规则吗？""如果我不会使用这个规则或者对这个规则不熟悉，我是否可以学习借鉴，将其运用到自己的写作之中？"在英语的学习和运用中，如果具有这种意识并将其付诸实践，我们不仅可以不断加深对具体语法规则的理性认知和记忆，同时也提高了我们自身运用英语的能力。

最后，对语法书及电子资源的学习和使用。我们应该感谢我们所处的这个时代，为我们生在一个幸福的国度而感到自豪。新时代的中国英语学习者，拥有前辈学人和其他国家EFL学习者无法比拟的资源优势，应当充分珍惜并利用国家提供给我们的现代化学习环境、学习资源及相关学习配套设施，努力学好英语，用英语讲好中国故事，向世界传播好中国声音，在中外文化交流互鉴中，为实现中华民族伟大复兴的中国梦作出贡献。

第二章　英语词法与句法的联系

英语句型的五种基本结构是英语句法的基础，只有掌握了这些基本结构，才能够进一步掌握各种句法，提升英语的实际运用能力。传统语法教学大多以词法为切入点对其进行介绍，以演绎法介绍词性充当的成分。这种做法有利有弊。优点在于，可以清楚、全面地介绍每一种成分；不足之处在于，按词性介绍不利于读者从句法的角度把握这些基本结构中的成分，尤其是在实际运用方面，不利于读者记忆。读者虽然很容易理解，但在进行实际的句法分析、运用和判断时却无从下手。其实，如果我们换一个角度，从"位置"和"含义"两个方面把握英语句型的五种基本结构及其成分，问题不仅会简单很多，也便于我们记忆。下面我们就从这些成分的汉译名和位置入手，逐一剖析这些基本结构。

第一节　英语句型五种基本结构及其成分剖析

一、主语＋谓语

（一）主语的汉译名及位置

根据《英文汉诂》中的译法，"subject"一词为"句主"（见附录三）。若对其汉译名稍加留意，我们会发现，无论是最早的译法"句主"或是现译名"主语"，其中都有一个"主"字。因此，在理解这个语法术语时，我们可以从"主"字入手。

"主"在《新华字典》中的释义为"最重要的，最基本的"，那么主语在句中起到的作用也是最重要的，它是交际双方已知的信息，是信息的出发点，同时，它也是动作的发出者。试想一下，如果回到过去，这些译名的创译者遇到"subject"一词时，是否也是根据它在句中的作用和位置，经过一番推敲，最终确定"句主"或"主语"这一译名？对于这些，我们虽不得而知，但这样的译名的确很贴切，为后来的学习者从名称入手理解语法术语的含义和作用提供了可能。

因此作者认为，在理解主语这一术语时，我们应该记住两点：其一，主语在句中的位置最主要，一般位于动词之前；其二，它是信息的出发点、动作的发出者，一般位于动词（除去三种形式的非谓语动词）之前。

（二）谓语的汉译名及含义

谓语（predicate）本身和动词有着非常紧密的联系。它的译名最早可以追溯至严复《英文汉诂》中的"云谓部"，构成"云谓部"的动词称为"云谓字"（现译：谓语动词），书中对它的解释是："云谓字者，言物之所施，所受，所存（存在）。""所施"即主语通过谓语动词发出的动作（what "subject" does）；"所受"即主语被施加的动作（被动语态）（what is done to the "subject"）；"所存"即主语所存在的状态（in what state the subject exists）（见附录三"五、auxiliary verbs：助谓字"）。例如：

例1　主句通过谓语动词发出的动作。

Birds *fly*.

译文：鸟儿飞翔。

例2　主语被他者通过谓语动词施加的动作。

The letter *was sent*.

译文：信被寄走了。

例3　主语所存在的状态。

The sky *appears* blue.

译文：天空呈现蓝色。

同样，对于谓语这三个方面的含义，我们在古汉语中也可以找到相应的例句。例如：

例4　主句通过谓语动词发出的动作。

言(我)"告"师氏。（其中的"告"是主语"我"发出的动作）

例5　主语被他者通过谓语动词施加的动作。

参差荇菜，左右"流"之。（他者通过"流"对主语"之"施加的动作，被动语态）

例6　主语所存在的状态。

关关雎鸠，"在"河之洲。（"在"表示主语存在的状态）

下面我们要回答以下两个问题：

第一，谓语是动词吗？第二，谓语是由一个词还是由好几个词构成的？

我们先来谈谈第一个问题。我们可以这样定义：谓语肯定含有动词，但动词不一定都是谓语。这里对动词的分类只要分为谓语动词和非谓语动词即可（有的语法书称其为限定动词和非限定动词）。除去三种形式的非谓语动词(to do/doing/done)，其他的动词形式一般都可以作为谓语。这里的动词可以是实义动词、连系动词，但必须要是谓语的形式。

我们再来谈谈第二个问题。谓语可以是一个动词，也可以是以一个动词为中心的词组。例如：

例7　Paul *runs* fast.

译文：保罗跑得很快。

例8　Ice *feels* cold.

译文：冰摸起来很冷。

例9　The team *has been working* hard.

译文:这个团队一直在努力工作。

从上面的例句我们可以看出,有时候谓语只有一个动词充当,如例 7 中只有一个"runs",有时候又由两个以上的词充当,但其中至少有一个词必须是谓语形式的动词,如例 9 中谓语就由"has been working"三个词构成。

二、主语+谓语+宾语

（一）宾语的汉译名及位置

严复在《英文汉诂》中将英语中的"object"首译为"受事之位"（见附录三）；"direct object"和"indirect object"分别译为"直接受事"和"间接受事"。现代逐渐译名统一,译为"宾语""直接宾语""间接宾语"。从某种程度而言,"受事之位"这一译名更能体现出"宾语"的内在含义和用法。一方面,该译名强调了"位置"；另一方面,该译名强调了"含义"。

"受事",即主语发出动作的承受者。顾名思义,如果是主语发出动作的"直接承受者"就是"直接宾语"（direct object）；如果是主语发出动作的"间接承受者"就是"间接宾语"（indirect object）。宾语一般在三种词之后,即在介词、及物动词和少数形容词之后。例如:

例 10　She is happy *that the girl is healthy*[①].

译文:她很开心因为那个女孩很健康。

例 11　She reads *books*.

译文:她读书。

例 12　The chief is good at *cooking*[②].

译文:这位厨师擅长烹饪。

（二）为什么少数形容词之后也是宾语？

上述对宾语位置的介绍中,提到了少数形容词之后也是宾语。原因是什么呢？让我们来看一个句子:

[①]　在这里,"that the girl is healthy"虽然是宾语从句,但可以翻译成原因状语从句。
[②]　"cooking"在这里做介词 at 的宾语,而不是做句子的宾语。

例 13　I am glad *that he was accepted by college*.

我们如何判断这个"that"引导的从句的类型呢？我们可以从句义和句法两个方面对其进行划分。从句义方面理解，"我很开心，是因为他被大学录取了"，所以这里的"that"引导的从句就句义而言，相当于一个原因状语从句。如果从句法上划分，"am"是 be 动词，属于系动词一类，其后的"glad"是表语。在英语中"系动词＋表语"又称作谓语，因此"主系表"结构又称"主谓结构"。那么谓语之后的部分可以视为宾语，所以从句法上来划分，"that"从句又可以理解为"宾语从句"。正因如此，我们说宾语也可以接在少数形容词之后。

三、主语＋系动词＋表语

（一）表语的汉译名及位置

表语（predicative）一词在《英文汉诂》中被译为"系属"，被认为是连系动词之后的附属成分，而且将其和实义动词做谓语进行了区别。比如，严复曾对比过以下三个句子：

The boy ran.

The boy learns geography.

The boy is tall.

严复认为前两个句子中含有实义动词，因此句意完整，而第三个句子中是连系动词"is"。他又进一步补充道："主语'boy'得'is'未足也，必得'tall'而后意足。"

虽然"predicative"译成"表语"的由来我们不得而知，但严复对以上三个句子的对比，为我们理解表语的位置和名称提供了以下两个方面的信息：其一，表语一般跟在连系动词（be 动词、表示状态的连系动词、感官动词）之后；其二，表语中的"表"是"表明""表达"的意思，即对主语各方面的信息进行表明和表达，进一步阐释主语各方面的信息，让主语更加具体化，让句意更加完整。例如：

例 14　The weather is *beautiful* today.

译文：今天天气很好。

从上面的例句我们可以看出，"beautiful"是对主语"weather"进行补充和说明，让主语更加具体化。因此我们可以进一步完善表语的定义，即"表语，又称作主语的补足语，对主语的身份、性质、状态等各方面信息进行补充和说明，使之更加具体"。

（二）系动词的汉译名

在汉语中，我们也有类似的概念，称为"系词"或"系动词"。它们的功能与英语中的连系动词非常相似，都是用来将主语和表语联系起来，形成完整的陈述，如"是""为""属于"等。值得注意的是，汉语中的系动词与英语中的系动词在用法上有所不同，但它们都起到了连接主语和宾语，表述某种状态或性质的作用。

从"连系"二字出发，我们可以进一步解释英语连系动词的性质。"连"字表示将两个成分联系在一起，而"系"字则表示这种联系是稳固、牢固的，使整个句子结构更加严密。相比于实义动词，连系动词本身并没有太多具体的动作意义，它们的主要作用就是承担起连接主语和表语的功能。这种特点突出了连系动词在句子结构之间连接的重要作用。如严复所言，主语得到表语才可以"意足"。英语又是"形合"语言，主语和表语之间须有一定的连接手段，才能符合句法的构成，所以，连系动词就是"连接"主语和表语的动词。

四、主语＋谓语＋宾语＋宾语补足语

宾语补足语的名称及其位置：根据上文中对表语名称的阐释，我们就很容易理解宾语补足语及其内涵了。宾语补足语即对宾语进行补充和说明，让宾语"意足"。例如：

例 15　The news made me *happy*.
译文：这个消息让我很高兴。

五、主语＋谓语＋间接宾语＋直接宾语

上文中，我们已经从汉译名的角度分析了"间接宾语"和"直接宾语"的含义。但需要指出的是，区别这两者的关键不在于它们距离谓语动词的远近，而在于动作的含义。例如：

例 16　My mother bought *me a new book*.
译文：我妈妈给我买了一本新书。

从上面的例句我们可以看出,"me"距离谓语动词很近,但它并非直接宾语,因为它是动作的间接承受者。主语"my mother"通过谓语动词发出了一个动作,该动作先传递到"book",因此"book"是直接宾语,而"me"是间接承受者,所以它是间接宾语。

六、五种基本句型需要注意的事项

通过上文的介绍,我们对英语的五种基本句型及其成分进行了剖析,但在实际应用中,我们还应当注意以下几点:

第一,通过名称入手,理解主语、宾语、谓语、表语、宾语补足语、直接宾语、间接宾语等成分,理解这些成分的含义并了解其在句中的位置。

第二,上述这些成分是构成五种基本句型必不可少的成分,比如在"主谓宾"结构中,不能说把宾语去掉,就变成"主谓"结构了。

第三,掌握一种句子的基本成分,应该从它的名称入手了解其含义,再掌握它在句子中的位置。判断成分应当综合其含义及其在句子中的位置,而不是通过其词性进行判断。因此不必纠结哪些词性可以做哪些成分,掌握了成分和含义之后,自然就会理解。

第四,我们会发现,上文介绍的五种基本句型(图 2.1)中,"主语 + 谓语"出现在了四种句型中,唯独第三种"主语 + 系动词 + 表语"(简称"主系表")的结构中没有"谓语"。在此需要指出的是"系动词 + 表语"又称作"谓语",因此,"主系表"结构在通常情况下可以视作"主谓结构"。

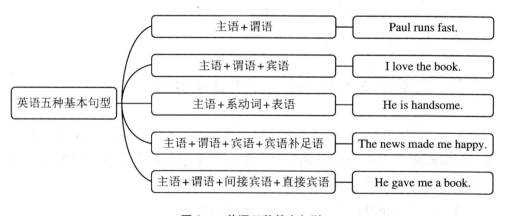

图 2.1 英语五种基本句型

综上所述，我们可以得出如下几点：

第一，英语中只要是句子，通常都有"主谓"。

第二，英语中，再长、再复杂的句子都可以划分成这五种基本结构，且一般都要符合这五种基本结构中的一种。

第三，这五种基本结构中没有三种成分，即定语、状语和同位语。由此，我们可以说这三种成分是句子中的修饰成分，不是必要成分。我们将在后文中对上述成分进行介绍。

第二节 名词、形容词、副词的句法作用及长难句阅读方法

一、名词、形容词、副词的句法作用

上文提到了构成英语句子的必要成分，在英语的简单句中，这些成分通常由不同词性的单词或词组构成。同样，在复合句中，这些成分不仅可以由不同词性的单词和词组构成，也可以由相同词类性质的从句构成。比如名词性从句在主句中的作用就和名词在句中的作用相同，形容词性从句和副词性从句也是如此。我们可以通过思维导图的方式更加直观地了解各种词性及其句法的作用。如图2.2所示，名词在一个句子中通常充当主语、宾语、表语、同位语四种成分。同样，名词性从句也可以按照上述类别在一个复合句中充当这四种成分。形容词一般在句中做定语，那么形容词性从句（关系分句/定语从句）在复合句中一般也是充当定语。副词一般在句中做状语，那么副词性从句（状语从句）在复合句中也是充当各种各样的状语。因此，我们在学习词类的时候不能仅关注各种词类的用法，应当结合这三类词性延伸出的各种从句，综合考量词法和句法之间的关系。

由图2.2可以看出，在一个英语句子中，主语和谓语一般称作"主要成分"，是必不可少的成分；宾语和表语称作"连带成分"，交代由主语发出的动作的承受者，或对主语进行解释和说明。同位语、定语和状语则是一个句子的"修饰成

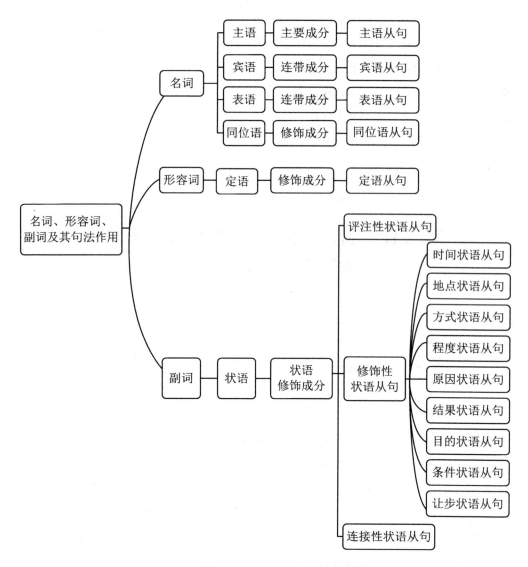

图 2.2　名词、形容词、副词及其句法作用

分",是在句子基本结构上进行"嫁接"的成分,并非必要成分。就这一点而言,熟悉句子中的各种成分对我们的英语阅读和写作都有一定的启示和帮助,只有分清这些句子成分,我们在阅读中才可以对英语长句的切分做到"游刃有余"。

二、英语长难句的切分点及阅读方法

英汉两种语言在句法上存在着较大的差异。英语,尤其是在正式文体中,

一般都以长句居多。因此,对于中国英语学习者而言,英语长难句一直是一个难以突破的瓶颈。例如:

例17 There will be TV chat shows hosted by robots and cars with intelligence control that will stop them when they are speeding.

在处理这样的长句时,我们可以记住一个口诀,"主干结构顺线走,定状同位两边勾"。读英语长句应该首先抓住句子的"主谓",即"主要成分"和"连带成分",抓住了这两种成分,便能读懂句子的大致意思,然后再去阅读定语、状语、同位语,因为这些都是句子"修饰成分"。那么问题来了,对于初学者来说,我们如何区分一个句子的"修饰成分"呢?其实并不难,我们只要掌握英语句子中一些非常明显的切分点即可。较为常见的切分点大致有以下五种类型:

(1) 符号:逗号、破折号;
(2) 引导词:引导各种从句的引导词,如 that、which、who、where 等;
(3) 介词;
(4) 连词;
(5) 非谓语动词(to do/doing/done)。

我们用上述切分点,对例17进行划分,如图2.3所示。

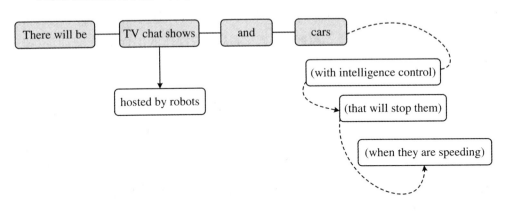

图 2.3 例17句法划分示意图

按照上述方法,该句的切分点分别是过去分词"hosted"、介词"with"、引导词"that"和"when"。在实际操作过程中,我们可以用括号将这些切分点的成分括起来。很有意思的是,按照这种方法划分,我们会发现,往往一个切分点的结束,正好是下一个切分点的开始。在划分之后,句子的主干就变得很清晰了。接下来,我们便可以条理清晰、有条不紊地按照各个切分点去处理每个成分所表达的意思。如果按照这个方式去剖析英语长难句,我们会发现,括号里面的成分一般只有三种:定语、同位语、状语,即句子的"修饰成分"。

第三节 主动词与助动词(操作词)及其句法作用

主动词(main verb)和助动词(auxiliary)是一个既对立又统一的概念,是传统语法为了解决句法实际操作层面而运用的术语。它们常常给中国英语学习者在概念的理解方面造成困难。对于助动词的分类,传统语法没有定论,有的将其分为两类:基本助动词(primary auxiliary),如 do、be、have;情态助动词(modal auxiliary),如 can、may、might、could 等。也有语法书在前两类的基础上增加半助动词(semi-auxiliary),如 have to、appear to、be able to、be due to 等。

由于本书是从句法操作的角度探讨助动词,因此,在后文谈论句法作用时,我们将助动词统一称为"操作词"(operator),即包含上述助动词、情态动词和 be 动词。在本小节中,我们将讨论以下两个方面的问题:第一,从汉译名角度分析主动词和助动词的含义和区别;第二,从句法操作的层面谈谈助动词(操作词)的作用。

一、主动词和助动词的名称释读

"主动词",汉译名中有一个"主"字,即主要的动词。它通常是实义动词,是动词词组的中心词和表义的动词,也是动词词组中必不可少的成分。读了上面的话,读者通常会有以下两点疑问:"主动词既然是实义动词,为什么不直接称为实义动词呢?""主动词在动词词组中表义,其他的动词不能表义吗?"

首先,我们来回答第一个问题。上文已经提到,主动词是相对于助动词而言。如果一个句子里面的谓语只有一个动词,那么该动词就是主动词(但一般情况下我们不这么称呼)。如果谓语是由两个或两个以上的动词构成的动词词组,为了对不同的动词句法功能进行区别,我们就可以称呼这个动词词组的中心词为主动词。如"I saw a film.",该句中只有一个动词,那么"saw"就是主动词。在"I have seen a film."这个句子中,句子的谓语部分是由两个动词构成的动词词组,那么"seen"是表义的中心词。为了区别于操作词(助动词)"have",我们称"seen"为主动词。这样一来,第二个问题也就迎刃而解了。所以,在英语动词中,实义动词一般都是主动词,通常只有实义动词有意义,可以表意,其他动词没有(完整的)词汇意义。简而言之,主动词在动词词组中表义,而其他动词一般不表义,或者具有不完整的词汇意义。

因此,我们可以根据以上对"主动词"名称的释读,对其作如下总结:主动词是相对于句中其他动词而言的,当句中的谓语动词有且只有一个实义动词时,它就是主动词,但我们一般不称其为主动词;当句中的谓语部分是动词词组时,为了区分该词组中其他的动词,我们称"表义"的那个实义动词为主动词。

助动词,最初译为"助谓字"(见附录三)。该词汉译名中有一个"助"字,顾名思义,它起到"帮助主动词(实义动词)"的作用。为了更好地从汉译名的角度理解助动词,我们可以思考以下两个问题:第一,助动词有词汇意义吗?第二,助动词是帮助什么动词做什么事情的?

首先,如上文所述,英语中除实义动词外,其他动词没有完整的词汇意义。因此,助动词的词汇意义并不完整。同样,它的汉译名已经向我们交代了它的用法和作用。它的存在就是为了帮助"主动词(实义动词)"做事情;它依赖于实义动词而存在,不具备完整的词汇意义,通常不单独使用。

其次,助动词一般帮助实义动词做三件事:否定、倒装、强调,因为实义动词自己不能直接构成否定、倒装和强调。

二、助动词(操作词)在句法操作层面的作用

为了便于读者了解助动词(操作词)与句法方面其他知识点的联系,我们将通过图解的方式来说明其在句法层面的作用。助动词(操作词)在句法层面的作用,如图2.4所示。

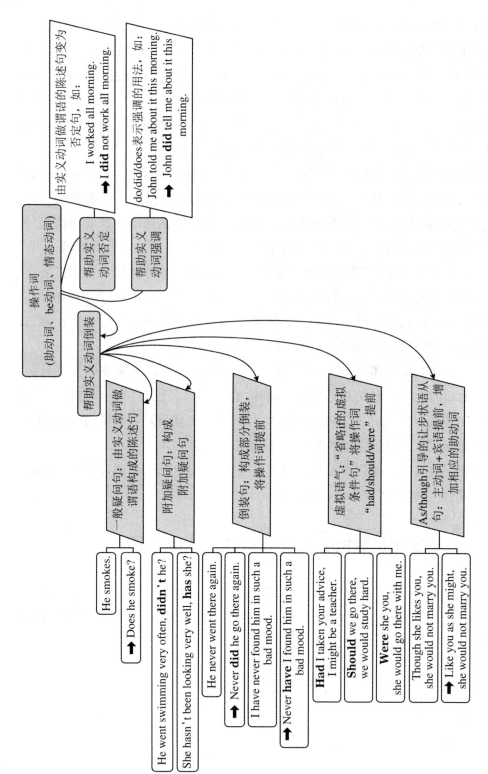

图 2.4 助动词(操作词)在句法层面的作用

第四节　词类的相对性问题及其句法体现

一般而言,学科的定义通常有两种,即规定性的和描述性的。相对于其他学科而言,语言学中很多条条框框的定义都是将人们日常生活中使用语言的习惯和特点进行总结和归纳后整理而来的。因此,在英语语法中描述性的定义要远多于规定性的定义。即便是规定性的定义,很多也并非永远是"绝对的",存在一定的相对性,包含一些"特殊情况"和"习惯用法"。当这种相对性体现在英语语言的词类划分中时,常常给学习者带来一定的困扰。例如,某一个词既是感官动词也是实义动词,或者某一个词既是及物动词也是不及物动词,有的词既是介词也是连词。下面我们将探讨英语词类划分中一些常见的相对性问题及其句法体现。

一、"feel"是感官动词也是实义动词,如何区别其词类?两种词类在句法上有何区别?

如果从词类的汉译名入手,问题就很简单了。感官动词即表示五官感受和感觉的动词,如 sound、taste、smell、feel 等。当这些词在表示"听起来""尝起来""感觉""闻起来"这些含义的时候,它们表示五官的感受和感觉,是感官动词。而在表示"发出声音""品尝""认为""嗅到/闻到"这些含义的时候,它们就不再是感官动词,而是及物动词。因此,词类的划分和词义的差别在某种程度上具有一定的联系。

这种由词义的差别导致的词类归属问题体现在句法上的时候,就会给学习者带来一定的困扰,如"I felt it a great honor to speak to you."。该句在翻译成汉语时,既可以译成"我感觉能和您对话非常荣幸",也可以译成"我认为能和您对话非常荣幸"。上述两种译文一般不会对沟通和交流产生影响,但如果从原文句法分析的角度来看,就存在一定的问题。如果"feel"在这里被认作感官动词,那么我们很难确定"it"和"a great honor"分别是什么成分。如果"it"是表语,那么"a great honor"是什么成分呢? 如果我们将其认作及物动词,问题就很清晰了,"it"是形式宾语,"a great honor"是宾语补足语。所以,如果"feel"后面接一个从句,那么这个从句既有可能是宾语从句也有可能是表语从句,具体是哪一种,要视具体情况并结合词义和句法结构综合判断。

二、"wash"是及物动词还是不及物动词？真的是主动形式表示被动意义吗？

英语中有一些词,如 write、wash、clean、cut 等,传统语法习惯将其用法归为"主动形式表达被动意义",即这类词通常没有被动形式,使用主动形式表达汉语中的被动含义。这样的解释方法常常令初学者摸不着头脑。在实际运用中,遇到具体的问题,如"The book was written by Shakespeare.",在这个句子中,为何"write"又可以使用被动形式？因此,我们不难看出,传统教学在解释这个知识点的时候存在一定的问题。

其实这个问题,归根结底还是词类划分的相对性问题。拿"write"一词来说,它既是及物动词也是不及物动词,两种词类的意义不同。在表达"……好写"的含义时,它是不及物动词,没有被动语态,比如,"The pen writes well."。在表达"写(字/书/信;创作……)"等含义时,它是及物动词,有被动语态。同样,wash、cut 等在表示"……易于清洗""……锋利/好切"的含义时,它们是不及物动词,没有被动语态,比如我们在描述一把菜刀很锋利、很好用的时候,我们会说"The knife cuts smoothly."。因此,我们如果从词类划分的角度去理解句法中一些主动语态和被动语态转换的问题,思路就会清晰很多。这不仅易于我们记忆,同时也能从更客观、科学的角度去看待不同词类的区别。

三、"for"既是介词也是连词,既可以构成短语,也可以引导从句

当词类划分涉及介词时,情况也是一样的。英语中的一些介词,如 before、after、for 等,在我们刚刚接触它们的时候,它们一般是介词,用来构成一些短语。但随着学习的深入,涉及从句的时候,这些词又作为连词,可以引导从句。在传统语法教学中,教师一般会这么描述:"介词之后不可以接句子,连词之后

才可以接句子。"受其影响,在初级和高级衔接阶段,多数学习者就会混淆这些词的用法。的确,英语中对一些介词的词类划分是固定的,如 in、at、of 等,它们是不可以引导从句的。但本小节中提到的这几个介词,它们既是介词,也是连词,当它们做连词的时候可以引导一些状语从句,如"before"和"after"可以用来引导时间状语从句,"for"做连词的时候,意为"因为",可以引导原因状语从句。需要特别指出的是,从句法位置来看,for 引导的原因状语从句只能位于句尾,不能位于句首。

四、"which"究竟是疑问代词、关系代词,还是连接代词?

作者曾经做过一项调研,发现中国英语学习者大多有这样的疑惑:在学习过程中,一些词的名称变化无常。例如,"which"不仅是疑问代词,也是关系代词,同时还是连接代词。又如"that",它"身兼数职",是指示代词、连接词、关系代词。这么多纷繁复杂的词类名称,我们该如何掌握并对其加以区别?方法同上文提到的一样,要从句法、语义和汉译名的综合角度去理解一个单词的不同名称,而不能将词类和词性划分的学习孤立起来。为了便于大家理解,我们将以思维导图(图2.5)的方式将一些词的词类划分和句法结合起来。

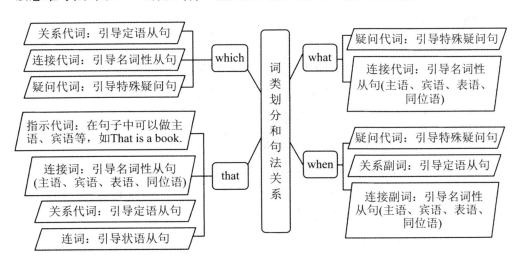

图 2.5　词类划分和句法关系图解

由图 2.5 可知,when 在引导特殊疑问句的时候,它是疑问代词;在引导定语从句的时候,它是关系副词;在引导名词性从句的时候,它是连接副词。因此,从句法的角度理解词类的划分要清晰很多,不仅可以加深我们对一个单词的多种词类的认知和理解,同时也能够帮助我们区分各种从句,将词法和句法有机地结合在一起,自然地构建英语语法学习的知识体系。

第五节　主句和从句的异同及其句法体现

同主动词和助动词一样,主句(main clause)和从句(subordinate/dependent clause)之间也是既对立又统一的关系。从句法的独立性而言,主句是一个独立分句(independent clause),即不依附于其他结构而可以独立存在的分句。主句是相对于从句而言的,一个带有从句的独立分句,我们一般称作主句,反之,一个不带从句的独立分句,我们一般不称其为主句,只称其为独立分句。从句,又称从属分句或附属分句,即附属或附着在其他结构之上的句子,不能够独立存在,如下面的例句:

例 18　He insists that he was innocent.

译文:他坚称自己是无辜的。

例 19　that he was innocent(错误)

译文:他是无辜的。

在上述两个例句中,我们可以看出例 18 带有从句,因此我们称其为主句。同时它自身可以单独存在,因此我们又称其为独立分句。而例 19 只是从主句中剥离出来的一个从句,它是不能够单独存在的。

下面我们来谈一谈主句和从句的相同点和不同点。

主句和从句的相同点:从句法结构上说,主句和从句都是句子。一般而言,在英语中是句子都要有"主谓",都要符合英语句子的五种基本结构。因此,就这一点而言,主句和从句是相同的。

主句和从句的不同点主要体现在两个方面:从句法的独立性而言,主句可以单独存在,而从句不能够单独存在。从句法结构而言,主句不需要有引导词(组),只需要符合"主语+谓语"的句法基本结构即可;从句通常都要有引导词(组)放在句首,即要符合"引导词(组)+主语+谓语"的句法基本结构。上述相同点和不同点如图 2.6 所示。

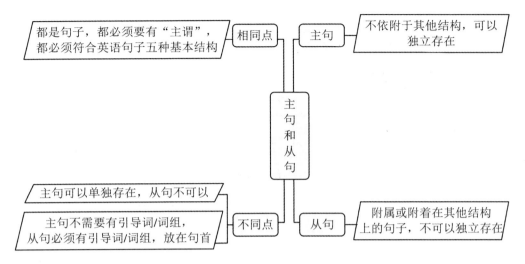

图 2.6　主句和从句句法异同图解

在明白了主句和从句的异同点以及从句的基本句法结构之后,我们再来谈一谈从句的句法基本结构"引导词(组)+主语+谓语"的实际作用和意义。

一方面,只有掌握了从句的句法基本结构,我们才能掌握从句的语序。相信大多数读者在学习英语从句的过程中,经常会听到教师提起一句话:"宾语从句应该用陈述句语序。"深入考量这句话,我们会发现,它的原理就是从句的句法基本结构,不仅仅是宾语从句需要用陈述句语序,英语的从句都需要按照"引导词(组)+主语+谓语"这种陈述句的语序来排列。

另一方面,掌握从句的句法基本结构有利于加强我们对从句的实际运用,提升我们英语写作句法的多样性和复杂性。我们将以两个方面为例,阐述从句的句法基本结构在写作方面的意义。

第一,英语中大多数特殊疑问句将句尾的问号去掉,再按照从句的句法基本结构排列,可以将其变成一个名词性从句,如图 2.7 所示。

第二,英语中大多数感叹句,将感叹号去掉,将成分补充完整(有时候感叹句会省略"主谓"),可以将其变成一个名词性从句,如图 2.8 和图 2.9 所示。

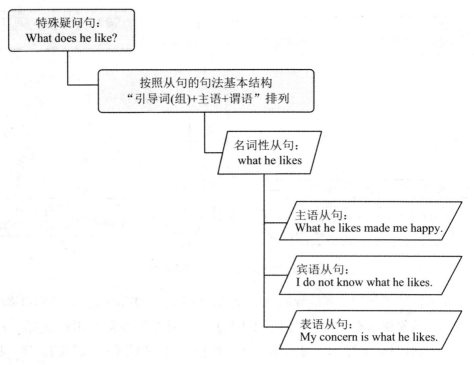

图 2.7 特殊疑问句变名词性从句

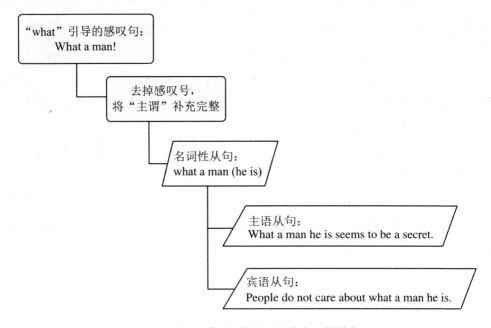

图 2.8 "what"引导的感叹句变名词性从句

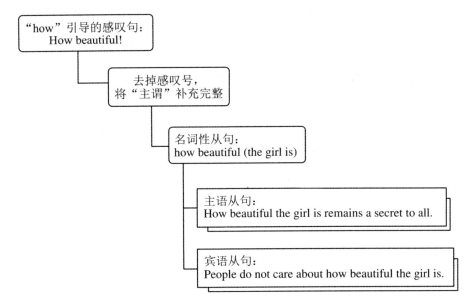

图 2.9 "how"引导的感叹句变名词性从句

第六节 限定动词和非限定动词及其句法体现

上一小节我们提到了从句句法的基本结构,即英语从句要符合"引导词(组)+主语+谓语"的基本结构。但下面的两个句子似乎不符合这种基本结构:

例 20 I don't know *what to do next*.

例 21 I had nothing on *which to focus*.

例20和例21是我们经常见到和使用的句子。如果按照从句的句法基本结构,我们无法划分它们的归属,甚至认为它们是错误的句子,因为它们没有谓语。同样,按照短语的结构也很难说清楚它们究竟是哪一种短语。当然,它们都是正确的句子。为了弄清楚它们的用法和归属,我们需要了解两个概念,限定动词(finite verb)和非限定动词(non-finite verb)。在这里,我们应该注意区分它们汉译名中的"限定"和"非限定",即谓语和非谓语,这与我们平常所说的定语从句中的"限制性"(restrictive)和"非限制性"(non-restrictive)是两个概念。本节将按照词法层面和句法层面的顺序,将"限定"和"非限定"的关系理顺。

一、词法层面

英语的主动词有两种限定形式和三种非限定形式。两种限定形式是动词的现在时和过去时;三种非限定形式是不定式(带 to 或者不带 to)、现在分词和过去分词。它们的区别在于:如它们的名称所示,动词的限定形式即谓语的形式;动词的非限定形式即动词的非谓语形式,如图 2.10 所示。

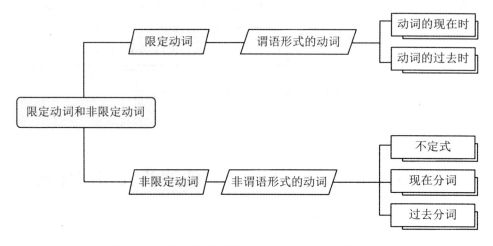

图 2.10 限定动词和非限定动词在词法层面的区别

二、句法层面

如果按照动词的限定形式来分,英语中的句子可以分为两大类:限定分句和非限定分句。英语中的句子大多数都是限定分句,即谓语部分由限定动词(谓语形式的动词)构成,也即本章第一节中提到的句子的基本结构。相反,非限定分句即句子的谓语部分由非限定动词(非谓语形式的动词)构成,如图2.11所示。

按照章振邦《新编英语语法教程》中的相关阐释,与限定分句相比,非限定分句数量较少、用法相对固定,有时甚至是非正式文体中的句子,主要分为三大类(图 2.12)。

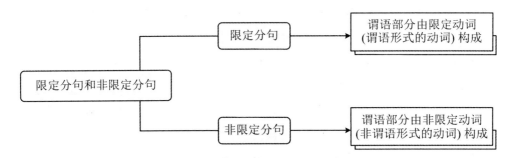

图 2.11　限定动词和非限定动词的句法层面区别

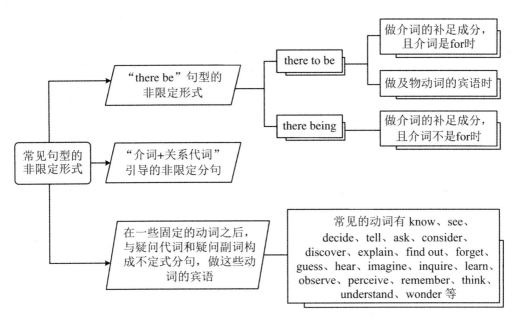

图 2.12　常见句型的非限定形式

（一）"there be"句型的非限定形式

存在句的非限定性形式（非谓语形式）有两种，即"there to be"和"there being"。区别如下：

1. 做介词的补足成分

做介词的补足成分，如果介词是 for，只能用"there to be"，其余介词之后用"there being"。

例 22　It is essential for *there to be* clear communication between team members.（there to be）

例 23　We are waiting for *there to be* an improvement in market conditions before investing.（there to be）

例 24　The professor called for *there to be* more emphasis on practical skills in the curriculum.（there to be）

例 25　We were surprised at *there being* so much traffic on the highway.（there being）

例 26　The success of the event depends on *there being* good weather.（there being）

例 27　I'm looking forward to *there being* more cultural exchanges between our countries.（there being）

至于为什么不同的介词之后要接"there be"不同的非限定形式,本书将在第十章第二节进行专门的论述。

2. 做及物动词的宾词

做及物动词(expect/mean/intend/want/like/prefer/hate)宾语的时候,通常用"there to be"。

例 28　We expect *there to be* significant changes in the company's policy next year.

例 29　The manager prefers *there to be* a clear division of responsibilities among team members.

例 30　Parents want *there to be* more educational programs available for children during summer.

例 31　The committee intends *there to be* a thorough review of all procedures before implementation.

3. 做主语和状语

例 32　*There being* so many applicants for the position made the selection process challenging.（主语）

例 33　*There being* a delay in the shipment is causing problems for our customers.（主语）

例 34　*There being* no objections from the committee, the proposal was approved unanimously.（状语）

例 35　*There having been* heavy snowfall overnight, all schools in the area were closed.(状语)

（二）"介词＋关系代词"引导的非限定分句

注意："介词＋关系代词"引导的定语从句都有"主谓"，而"介词＋关系代词"引导的非限定分句没有谓语，都是非谓语的形式，属于极其正式的文体。例如：

例 36 The company provided a solid foundation upon which to build our future strategies.

例 37 She discovered an innovative approach through which to solve the complex problem.

例 38 We finally found a common ground on which to base our negotiations.

例 39 The artist created a unique style with which to express his innermost feelings.

上述句子通常用于正式文体中，而在非正式文体中，通常用不带关系代词但带有句末介词的不定式分句。

例 40 The company provided a solid foundation to build our future strategies upon.

例 41 She discovered an innovative approach to solve the complex problem through.

例 42 We finally found a common ground to base our negotiations on.

例 43 The artist created a unique style to express his innermost feelings with.

（三）在一些固定的动词后与疑问代词和疑问副词构成不定式分句

在一些固定的动词之后，与疑问代词（which、who、what、whom 等）和疑问副词（where、when、how、why 等）构成不定式分句，做这些动词的宾语。常见的动词，如 know、see、decide、tell、ask、consider、discover、explain、find out、forget、guess、hear、imagine、inquire、learn、observe、perceive、remember、think、understand、wonder 等。例如：

例 44 John is wondering *how to solve this math problem*.

例 45　Mary asked her teacher *when to submit the assignment*.

例 46　The manager decided *whom to promote in the company*.

例 47　The students learned *how to conduct a scientific experiment*.

例 48　The travelers inquired *where to find the best local restaurants*.

例 49　The chef explained *how to prepare the dish step by step*.

第三章 名词性从句

第一节 名词性从句的词法和句法释读

与后文要介绍的形容词性从句、副词性从句不同,名词性从句只有这一个译名。它是一个按照词性划分的"总称"。根据名词性从句这个译名并结合词法和句法之间的联系,我们可以析出以下两个方面的含义:

第一,这种从句在主句中的作用和名词在句中的作用一样。换言之,名词在句中承担的成分,名词性从句基本都可以承担。名词在句中可以充当主语、宾语、表语和同位语,那么名词性从句就可以分为上述四种类型的从句。

第二,从句法角度而言,名词性从句在主句中的位置,也就是名词通常在句中的位置。简而言之,主语从句就是一个从句充当主语,宾语从句就是一个从句充当宾语,以此类推。英语五种基本结构中由名词充当成分的位置也即名词性从句的位置。例如，句子的谓语动词之前是主语，那么出现在主句的谓语动词之前的从句就是主语从句。及物动词、介词和少数形容词之后的从句是宾语，那么在这三种词之后的从句就是宾语从句。从实际运用角度而言，名词性从句是提升我们写作句法复杂性的一个必备手段。

如图 3.1 所示，我们如果从词法和句法相联系的角度来看，就会对名词性从句的内涵有更为深刻的认知。例如，在"The news made me happy.""He loves his house."这两个简单句中，"the news"和"his house"这两个名词词组在各自的句子中分别充当主语和宾语。如果将其换成从句的形式[引导词(组) + 主语 + 谓语]，我们就分别得到了"what you had told me"和"where he lives"。它们在复合句"*What you had told me* made me happy."和"He loves *where he lives*."中，分别充当主语和宾语。这样一来，原来的简单句就变成了复合句。试想一下，如果我们能在写作中适时地在这两种句法之间切换，不仅有利于我们加深对名词性从句句法功能的认知，还能够提升句法写作的丰富性，让我们的表达更加多样化。

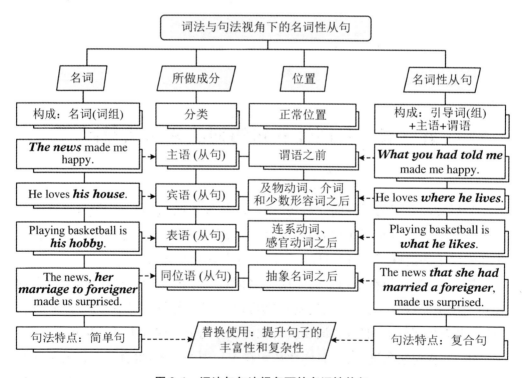

图 3.1 词法与句法视角下的名词性从句

第二节 "that he is a nice boy"究竟是哪一种名词性从句？

如上文所言，名词性从句是一个"总称"。根据从句在主句中所处的位置以及含义的不同可以分为四种类型，分别是主语从句、宾语从句、表语从句和同位语从句（图3.2）。在多年的英语语法教学过程中，作者发现很多学生在使用总称和具体从句类型名称的时候容易出现一些问题。简而言之，对于名词性从句具体类型的判断，我们通常需要结合其位置和含义，才能确定它是哪一种类型。

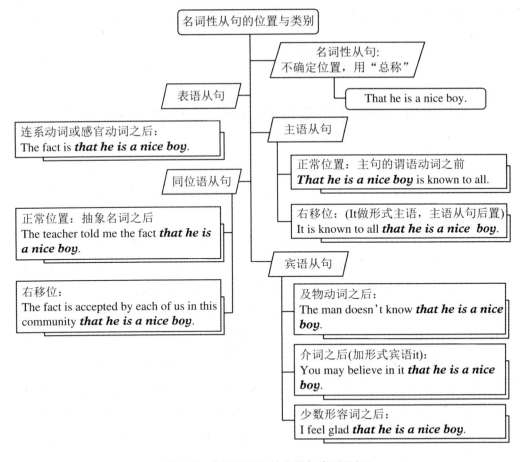

图 3.2　名词性从句的位置与类别图解

下面我们以"that he is a nice boy"为例,来看看它的位置与它的类型之间的关系。

如图3.2所示,"that he is a nice boy"作为一个名词性从句,在不同的位置就是不同类型的名词性从句。如果我们不确定它的位置,不将其放在主句之中,那么我们只能称呼其为名词性从句(从句不能单独存在,这里只是为了说明位置和类别的问题,所以将其单独列出)。例如,它放在主句的谓语动词之前或用"it"做形式主语放在句首,从句后置,这时候它就是一个主语从句。

单独一个名词,我们不能说它是哪一种成分。一定要根据名词在句中的位置和含义才能准确判断它所充当的成分。这也从另外一个方面说明了名词性从句名称的由来。同样,名词性从句的位置和含义决定它的类别,在判断名词性从句具体类别的时候,我们一定要结合它在主句中的位置、引导词(组)和含义来综合判断。因此,我们从词法和句法的相互关系去看待这个问题,是不是更加清晰?

第三节　名词性从句的引导词及其选择方法

名词性从句的引导词(组)分为三类,分别是连接代词、连接副词和连接词,它们的作用和类别如图3.3所示。

与形容词性从句的引导词相比,名词性从句的引导词有以下几点不同:

其一,上述的连接副词和连接代词之后一般都可以加上后缀"ever",构成诸如 whomever、whichever、wherever、however 之类的词。加上这个后缀之后,并不会对句法产生任何影响,只是在语义上多了"无论……"的意思。例如,whomever(无论谁)、whichever(无论哪个)等。

其二,在引导词中,名词性从句的连接代词比形容词性从句的关系代词多了一个"what"少了一个"that"。那么这种"一多一少"就是我们应当注意的地方。我们首先来谈一谈连接代词"what"与"which"引导名词性从句时的区别。这两个词在名词性从句中通常充当主语、宾语、补语三种成分之一,它们用法灵活、语义多变。例如,在下面的例1中,我们究竟是用"what"还是"which"呢?

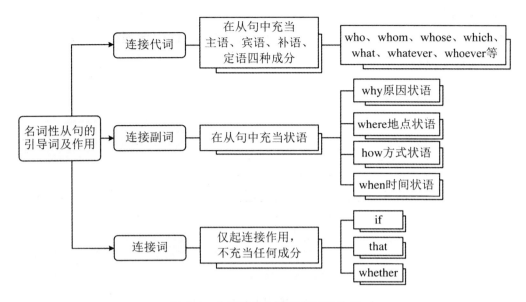

图 3.3　名词性从句的引导词及作用

例 1　A modern city has been set up in _____ was a wasteland ten year ago.

答案是 what。连接代词 what 和 which 在名词性从句中一般都是指代"物",但如果是上文中未直接提及的事物,我们一般只用"what"不用"which"。从语义方面来说,"which"一般指"哪个"的意思,而"what"的语义则相对比较宽泛,有"什么、事情、东西、样子"等诸多意思。和形容词性从句不同,名词性从句中的引导词"that"不再是代词,而是连接词。它仅起连接作用,没有词汇含义,一般不能省略(在宾语从句中可以省略)。

其三,连接词"if"和"whether"的区别。这两者在名词性从句中都是表达"是否"的含义,通常仅起连接作用。大多数语法书都会将两者的区别详细列出,用以对比它们之间的差别。为了避免重复,本书对它们之间的区别不再赘述,仅为各位读者提供一条规则,即"多用 whether,少用 if"。如果细读一些语法书中对它们的详细介绍,我们会发现,句法规则上所有的限制都是对"if"而言的,对"whether"基本没有什么限制。而且从行文来说,"whether"比"if"的词长要长,显得更为正式。在正式场合或一些国外的英语能力考试中,如雅思或托福考试,引导名词性从句中必须用"whether",不能用"if"。

下面我们再来谈一谈名词性从句引导词的选择问题。形容词性从句的引导词(组)只有两种,即关系代词和关系副词。因此,引导词(组)的选择通常是一件"非此即彼"的事情。使用"成分判断法"一步就可以完成对形容性从句引导词(组)的选择(见第四章)。名词性从句则不同,它的引导词有三种,因此,我们一般需要两步来完成引导词的选择,其选择的步骤如图 3.4 所示。

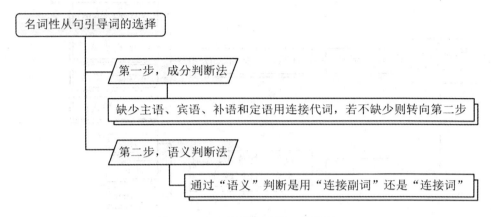

图 3.4　名词性从句引导词的选择

第四节　名词性从句的生成方式及引导词组

名词性从句不仅有引导词还有引导词组。上文提到了名词性从句引导词的分类及其选择方法,但上述方法却不能用于下面例句中引导词组的选择。

例 2　People do not know *how beautiful* the country is.

例 3　The poor young man is ready to accept *what help* he can get.

从句法结构来看,例 2 和例 3 中的引导词组是由引导词和从句中的其他成分构成的,对从句中的其他成分起到修饰和限定的作用。引导词"how"和"what"只是构成其引导词组中的一个成分。因此,前文提到的引导词选择的方法并不适用于引导词组的选择。

对于名词性从句引导词组的选择,如果从转换生成语法的角度入手,就会简单很多。具体来说,名词性从句的引导词组一般分为两类:"wh-"型引导词组和"how-"型引导词组。从生成语法的角度而言,这两类引导词组一般由两类句型转换而来。一类是感叹句,另一类是特殊疑问句。通俗点说,它们的转换原理分别是:英语中大部分感叹句,将感叹号去掉,将成分补充完整(有时候感叹句会省略"主谓"),可以将其变成一个名词性从句。英语中大多数特殊疑问句将句尾的问号去掉,再按照从句的句法基本结构排列,可以将其变成一个名词性从句,如图3.5所示。

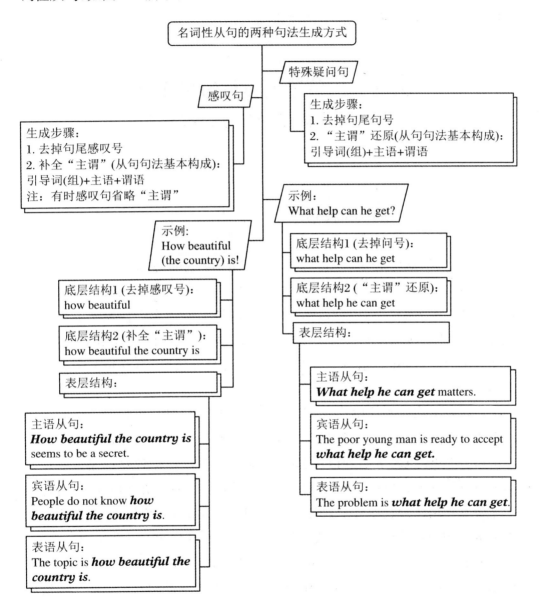

图 3.5　名词性从句的两种句法生成方式图解

图3.5从转换生成语法的视角为大家剖析了名词性从句的生成原理。上述剖析对我们掌握名词性从句有两个方面的好处:其一,从句法角度对名词性

从句的引导词组进行考量,不仅可以让我们准确地选择相应的引导词组,同时也让我们对它的引导词组有更深的认识。其二,从转换生成语法的视角对名词性从句进行剖析,有利于我们理解名词性从句的生成原理,掌握句法之间的转换原理,提升我们句法运用的灵活性和写作水平。

第五节　句尾重心与句尾焦点:
　　　　同位语从句的右移位

一、英语句法中的移位

广义上说,移位(movement)有两种,即左移位(movements to the left)和右移位(movements to the right)。左移位即"句子中一系列的成分或词组脱离原来的位置,向左移动"(Aarts,2001)。这种移位通常会使原句的结构发生变化,产生一种新的句子表层结构,原句的语义和语用发生变化,同时被移动成分的"格"(case)也会发生变化。"名词词组外置"是右移位的一种典型代表。

右移位不同于左移位,移位不会产生新的表层结构,原句的语义和语用以及被移动成分的"格"也不会产生变化,因此,这种移位没有被划归到句法学的研究范畴,也较少受到语法和EFL研究的关注,"这种移位通常被认为是文体学"(Aarts,2001)的研究对象。正因如此,右移位在EFL习得的过程中不像其他语法规则一样受到关注,对于EFL学习者来说较难掌握,所以在他们的使用中右移位经常会"缺失",且未被多数EFL学习者默认为一种"规范"用法,较少受到学界关注。本书在认为"右移位使用缺失"不是一种错误的前提下,立足于EFL的书面用语,对中国英语学习者的右移位认知和使用现状进行分析。

二、英语句法中的右移位

（一）右移位的概述

"英语中有一种'趋势'就是,对于较长和较重要的成分移到句子末尾,这里所谓的'较长'和'较重要'主要是由这个成分的长短来决定的"(Celce-Murcia,1999),这说明右移位更多的是反映一种文体学(stylistics)特征。文体学是语言学的一个分支,研究在不同语境下使用语言的特点,尤指文学语言,并试图确立能够说明个人及社会群体在使用他们的语言时所作的特定选择的原则"(布洛克,1988)。右移位是在既定的句子构成成分的前提下,根据个人用语习惯对句式的安排所作出的选择,通常这种个人用语习惯不是由个人决定的,是由他所生活的语言文化环境决定的,具有一定的代表性和共性。

（二）同位语从句的右移位

名词词组外置是右移位最具代表性的一种特征。这种外置经常出现,有很多种类型,有时它仅仅是主语的一部分外置,譬如主语中的关系分句(relative clause)或补语从句(complement clause)的外置。限于本小节的讨论范围,作者只针对名词补语外置(extra-posed noun phrase complement)进行讨论。具体言之,就是名词性从句中的同位语从句后置问题。对于一般情况而言,同位语从句是紧接在其修饰的抽象名词之后,对抽象名词的内容进行解释和说明,使抽象名词更加具体。例如:

例4 The fact (that Chinese people are very friendly to the foreigners) is accepted by people from other countries.

例5 The fact (that you have won the lottery) is irrelevant.

例6 The danger (that she may die of heart failure) remains.

例7 The fact is accepted by people from other countries (that Korean people are very friendly to the foreigners).

例8 The fact is irrelevant (that you have won the lottery).

例9 The danger remains (that she may die of heart failure).

在例4至例6中,括号中均是作为抽象名词补足成分的同位语从句,这样的写法造成句子的主语和谓语动词之间间距过远、主干结构松散,因此将这些句子中的同位语从句"剥离"原来的抽象名词,外置(右置)到句尾,就产生了例7至例9的句式。但那些以英语为母语的使用者,在遇到上述情况时,常因习惯使然,将句式安排成后者的形式。作者经过多年研究发现,他们的这种习惯或偏好可以总结为:当抽象名词出现在主句的谓语动词之前,通常更倾向于将同位语从句"剥离"它所修饰的抽象名词,将同位语从句后置,若抽象名词出现在主句的谓语动词之后,则不这样做。众所周知,英语中的多数语法规则是"显性的"。而右移位则不同,与其说是一种"规则",不如说是一种"习惯"或偏好",这是以英语为母语的使用者在长期生活中潜移默化的结果,相对来说具有一定的"隐性特征"。因此,这些"隐性"的习惯或偏好,对于 EFL 学习者和使用者来说就比较难以掌握,往往在使用过程中忽略,造成某种"缺失"。

(三)中国英语学习者同位语从句右移位使用缺失原因分析

中国英语学习者在使用同位语从句时,普遍存在右移位缺失现象,作者认为应从他们英语的习得途径及习得材料去探讨这种现象的成因。作为 EFL 学习者,他们英语习得的途径相对比较单一,普遍都是通过正规的学校教育习得英语。这样一来,学校英语教育的一些主要因素就不可避免地会影响学生对右移位的认知。

一方面,作为学校英语教育活动的组织者和知识传播者,教师自身对右移位的认知和教学意识不可避免地会对学生造成影响。作者曾对不少中学和高校教师进行访谈调研。大多数教师表示他们在教学过程中很少强调右移位,且在遇到较长的同位语从句时也很少向学生说明这种类型的同位语从句可以右移。在国外,"很多教师和研究者现在都将语法教学看成一种对学生的'意识培养'"(Schmidt,1993)。这从另一方面说明了教师在语法教学中对学生"语法意识"培养的重要性,EFL 的语法教学更是如此,因为缺少自然交流的语境作为检验学生习得英语语法规则的"标杆",教师对于某些语言习惯和规则的主动"意识培养"就显得格外重要了。由此可见,教师的同位语从句教学意识不足会对学生右移位认知产生影响。

另一方面,语法教材作为 EFL 教学活动中英汉语言规则教学的"操作依据",它的影响也是不可忽视的。鉴于此,作者分别就中国英语语法的主流书籍进行了调研。

如张道真的《张道真英语语法》中对于较长的同位语从句的处理是这样描述的:"有时同位语从句可以和同位的名词分开。"例如:

例 10 The rumor spread *that a new school would be built here*.

例 11 The news got about *that he had won a car in the lottery*.

例 12 Report has it *that the Smiths are leaving town*.

例 13 The thought came to him *that may be the enemy had fled the city*.

章振邦的《新编高级英语语法》中对于较长的同位语从句的处理是这样描述的:"带有 that 分句做同位语的句子,如果谓语动词及其补足成分较短或同位的名词中性词带有其他修饰语,则 that 分句与该名词词组隔离,或与名词中性词隔离。"例如:

例 14 The fact remains *that there is no filling station here*.

例 15 The fact has to be faced *that the nearest filling station is thirty kilometers away*.

例 16 The law is well known *that to every action there is an equal opposite reaction*.

例 17 Suddenly the thought came to me *that he could go blind*.

上述例句中的这些同位语从句并没有接在它所修饰的抽象名词之后,而是远离抽象名词。《张道真英语语法》只罗列了这些语言现象,没有给出原因。《新编高级英语语法》虽然对其进行了解释,但也仅是针对其句法现象的描述,没能说清楚何时同位语从句接在抽象名词之后,何时同位语从句远离它所修饰的抽象名词。

(四) 同位语从句右移位的原因释读

若从"句尾重心"(end weight)和"句尾焦点"(end focus)理论的角度进行分析,同位语从句远离抽象名词的现象或许会得到更为合理的解释。一方面,按照"句尾重心"的要求,句子较长、较复杂的成分应当位于句子的后部或者尾部;另一方面,按照"句尾焦点"的要求,句子所要传达的新信息也应当位于句子的尾部。以上两个要求都强调较复杂和较重要的信息应当位于句子尾部。这为上述同位语从句远离抽象名词(右移位)提供了句法上的依据。

不足之处在于,该理论并没有明确地指出"何为句子尾部"。这时就涉及对句子结构的理解。为了将这个问题说清楚,我们首先要对一个英语句子中的

"平衡点"进行交代。一般而言,英语句子结构方面的"平衡点"应是句子的谓语动词,谓语动词之前的成分不宜过长,而谓语动词之后的成分可以较长、较复杂。这已成为英语写作修辞中的一个公认规则。为了说明这个道理,我们来看一个同位语从句在句子中的两种不同的位置情况:

例 18 (The fact) that the nearest filling station is thirty kilometers away (has to be faced).

例 19 (The fact) (has to be faced) that the nearest filling station is thirty kilometers away.

在例 18 中,谓语之前的部分太长,句式不太协调,头重脚轻,且主语和谓语之间的间隔太长,结构过于松散,不符合英语的表达习惯。而例 19 中,"主谓"紧凑,较为复杂的部分出现在谓语之后,即句子尾部,同时较复杂的部分也是该句所要传达的重要的信息点,上述例 10 至例 17 的所有同位语从句的位置都属于这一种类型,符合英语修辞中"句尾重心"和"句尾焦点"的双重要求。所以作者尝试将《张道真英语语法》和《新编高级英语语法》对同位语从句修辞用法的解释进一步明晰化:

若同位语从句所修饰的抽象名词出现在主句的谓语动词之前,通常要将同位语从句后置,远离抽象名词;若抽象名词在谓语动词之后,则不需要将同位语从句后置。

换句话说,当我们写同位语从句的时候,若它修饰的抽象名词恰好出现在主句的谓语动词之后,这时只需要按照正常的写法,将同位语从句直接接在抽象名词之后即可;反之,若同位语从句修饰的抽象名词出现在主句的谓语动词之前,这时出于修辞层面的考虑,我们可以将同位语从句远离其修饰的抽象名词,放到主句的谓语之后。需要注意的是,语言运用的场景千变万化,具体使用哪种写法,还要看说话者自己的意图并结合上下文的语境去综合考虑。

三、同位语从句右移位在写作中的运用

同位语从句是英语写作中常用的句型。作者在多年的英语专业写作教学中发现,大多数英语专业学生写出的同位语从句只能说是语法上正确,一旦涉及较长的同位语从句写作时,学生写出的句式不仅冗长,而且句式松散,有失地道和通顺。因此,能写出正确地道的同位语从句也可以被认为是英语学习者写

作能力的一个重要表现。

同位语从句的写作是英语句型写作教学中的一个难点,也为多数从事写作教学的教师所忽视。通过查阅相关论文和资料,不难发现国内对于英语专业写作教学的研究多停留在客观层面,大多注重学生写作思维的培养,或关注写作教学改革,鲜有从微观角度探讨英语句式的写作教学。

作者从事英语专业语法和写作教学多年,在日常的写作教学中经常对学生作业中易犯的错误以及不理想的表达句式进行归类并总结。学生作业中常见的同位语从句如下:

例 20 The phenomenon that nearly every family owns a car is very common.

例 21 The idea that students in colleges or universities should do a course according to their interests is accepted by everyone around us.

例 22 The idea that lucky numbers have nothing to do with a person's fate, as we all know, is accepted by most people in modern society.

例 23 The fact that many college students pay much attention to the learning of English is known to each of us.

从以上四个例句来看,语法方面没有问题,这几个句子看似严格按照英语语法来写作,四个同位语从句都接在抽象名词之后,对抽象名词的内容进行解释和说明。但从其他角度来看,这样的句子并不美观,有失地道。主要存在以下几个方面不足:

其一,从语法结构来看,均出现了"头重脚轻"的问题,即主语太长。"主语作为已知信息和信息传递的出发点,在结构上通常较短、较简单,而谓语,作为新信息和信息传递的着重点,在结构上一般较长、较复杂,这在英语的机制结构上已经形成一种规律:凡是字数较多、结构较复杂的成分一般都出现在句尾,此种句子结构特征叫作'句尾重心'。"(章振邦,2012)

其二,从信息结构来看,这四个例句中的同位语从句都是对抽象名词进行解释和说明,是信息传达的最关键的部分,即"信息焦点"。按照英语句子结构的表达习惯,"信息焦点"应该出现在句尾。"新信息是对已知信息加以说明的部分,是句子所要传递信息的着重点,通常由谓语表示,新信息中最关键的部分叫作信息焦点(information focus),信息焦点常常出现在句尾,叫作句尾焦点。"(章振邦,2012)

其三,同位语从句出现在主语的核心词和谓语动词中间,使得主语和谓语的位置较远,句式较为松散,语义连接不紧密,没能考虑到读者的阅读需求。

在中国英语学习者的作文中,这样的同位语从句屡见不鲜。英语专业学生写出这样的句子,并非学生的问题,至少学生的句式写作是符合语法规范的。作者查阅了大多中学语法书,发现它们对于同位语从句的定义大多相同,大致都强调的是,同位语从句跟在一个抽象名词之后,对其作进一步的解释和说明。那么问题出在哪儿?作者认为有可能是因为中学教师在教学过程中没能将同位语从句的概念联系整个英语的句子结构进行讲解,导致学生在写同位语从句时只顾将同位语从句写正确,并没有考虑它在整个语篇中的位置和修辞作用,并将这种习惯一直延续到大学阶段。

对于同位语从句的教学,我们应当一分为二地看,可将其教学分解成两个部分:句法和修辞。在中学阶段,我们大多已经完成了它的句法教学任务,即对其构成、用法有正确的认知,以及能够写简单的同位语从句。在大学阶段,尤其是在英语专业写作教学阶段中,我们应该完成同位语从句的修辞教学任务。修辞是关于语言使用的规律,是和语言使用目的和使用场合密切相关的,即如何根据不同的对象和场合把话说好、把文章写好,以便更好地达到交际目的。修辞和语法密切相关,修辞知识既建立在语法知识的基础上,又是语法知识的延伸。英语专业写作教学不仅仅需要让学生将每个句子写得都符合语法规则,还应该要求学生句子用得恰当、得体。从这一点来说,同位语从句的修辞教学任务应该注重两个方面:"句尾重心"和"句尾焦点"。

第四章　形容词性从句

第一节　定语从句、形容词性从句还是关系分句?

英语新旧语法体系存在一定的差异。同时,英语教学语法在发展过程中又吸收和借鉴了大量理论语法术语,这就导致现行英语教学语法术语中的译名混用现象。举例来说,英语语法中定语从句(attributive clause)、形容词性从句(adjective clause)、关系分句(relative clause)均指同一类从句。这些名称分别从不同的角度对从句进行划分。"定语从句"是因为从句在主句中充当定语;"形容词性从句"是从词性的角度划分的,因为定语从句在主句中的作用就相当于形容词在句中的作用;"关系分句"则体现的是从句和主句之间的关系。

中国大多语法书在自身编撰的过程中缺乏对译名统一方面的考量。比如,在介绍"adjective clause"时,使用的译名是"定语从句",而在介绍定语从句的引导词时，又使用了"关系代词"（relative pronoun）和"关系副词"（relative adverb）的译名。与此同时，这些著作并没有对这些汉译名加以解释。难免有读者会问，为什么定语从句的引导词叫关系代词？何为"关系"？当"定语从句""关系代词""关系副词"这些汉译名被混用在同一个英语语法范畴中进行介绍时，难免会缺乏一定的关联性和逻辑性。这样一来，汉译名不仅很难对中国英语学习者学习英语语法起到帮助，相反，还会因为译名使用不统一，给学习者带来困扰。

当然，其中也有关注到译名统一问题的语法专著，比如章振邦的《新编英语语法教程》。该书在介绍形容词性从句时，使用的英语术语名称是"relative clause"，相应的汉译名使用的是"关系分句"。从译名统一的角度而言，"关系分句""关系代词""关系副词"三者之间的逻辑性和关联性就自然而然地体现出来了。需要说明的是，本书并未采用"relative clause"（关系分句）的译名，而是选用"adjective clause"（形容词性从句）这一译名。一是因为本书编撰的体系是为了体现英语词类和句法间的关联；二是因为本书将对这三种译名进行区分；三是因为在谈论形容词性从句时，本书引入了引导词（组）这一概念，将"关系代词""关系副词"纳入这一范畴，从汉译名角度分别对它们进行释读。

第二节　英汉两种语言对形容词性从句的不同认知

从句是复句中具有分属地位的分句，它是一种绝大部分语言都有的语法结构。在现代汉语语法中，我们使用的术语是"复句"，而不使用"从句"。汉语的复句分为偏正复句、联合复句、多重复句和紧缩复句。虽然在汉语语言学研究中，我们使用"从句"这个称呼，但是在汉语语法中"从句"并不是一个专业术语。从严格意义上说，古汉语和现代汉语中并没有"复句"这个概念。通过对现代汉语句法概念的形成进行溯源考察，作者发现，现代汉语的句法划分及"复句"的概念滥觞于严复对英语句法理论的译介（见附录三）。该书在译介英文句法时，首次将英语"复句"的概念引入汉语。虽然他没有直接使用"复句"这个译名，而是使用"繁句"和"包孕句"这两个译名，但实际上，严复所指的繁句和包孕句即复句。复句的概念属于汉语语法理论中的"缺类"现象。需要指出的是，这种缺类现象并不能说明英语比汉语体系先进,而是两种语言因各自发展形态各异所导致的一种不对等现象。

了解了英汉两种语言中从句和复句理论不对等的前提之后,我们再来谈一谈"汉语中有没有形容词性从句"这一问题。这一直是学界争论的一个焦点。本书不准备就此问题展开论述,而是从最早的译介情况、语法结构和逻辑语义来谈一谈英汉两种语言对定语从句的认知。

如前文所述,严复的《英文汉诂》是我国最早译介形容词性从句的英语语法专著。该书在介绍英语语法的时候,大量采用了比附的手法,即采用大量汉语例句,通过英汉对比的方式介绍英语语法。但在介绍定语从句的时候,严复将其首译为"区别字句",是按照词类进行命名的。《英文汉诂》中将"adjective"译为"区别字"(见附录三)。严复指出:"区别字者,所以表物之异,以区之于其名之所类也,to distinguish or describe the thing named。"除此之外,严复没有给出任何汉语例句,仅用了400余字介绍这个语法概念。而对于那些英汉语法对等之处的介绍,严复动辄几页纸、上千字。这是一个值得我们关注的现象,也从另外一个方面说明了定语从句在汉语语法系统中的"缺类"。

那么英语形容词性从句这种语法概念在现代汉语中是如何体现的呢?如果从英汉翻译的角度去解释这个问题也许会更加清楚。英语中的形容词性从句译成现代汉语一般有两种处理方式:第一,对于较短的英语形容词性从句,一般可以译为汉语的"前置定语";第二,对于较长的形容词性从句,一般可以译为具有解释、说明、补充功能的汉语复句。请看下面两个形容词性从句。

例 1 He is the man that I love.

译文:他就是那个我爱的男人。

例 2 I find it hard to leave the land where I have lived for 30 years and where there are sweet memories of my childhood.

译文 A:我觉得离开那片我生活了 30 多年且有我童年美好回忆的土地很难。

译文 B:我觉得离开那片土地很难,我在那儿生活了 30 多年,那儿有我童年的美好回忆。

从上述例句我们可以看出,例 1 中的形容词性从句"that I love",译成汉语是处理成了一个"形容词结构",作为前置定语放在名词之前。但是在例 2 中,"where I have lived for 30 years and where there are sweet memories of my childhood"是一个并列的形容词性从句。译文 A 将其处理成汉语的前置定语，不太符合汉语的表达习惯。相比之下，译文 B 将其处理成汉语的复句，看上去更为通顺。具体言之，上述定语从句在翻译成汉语时，例 1 的翻译不需要考虑"that"的翻译。相反，例 2 的翻译则需要考虑"where"的指代对象。从现代汉语的句法结构而言，"我在那儿生活了 30 多年，那儿有我童年的美好回忆"是复句，但是从逻辑语义而言，这个句子是前面"正句"的从句。因此，从现代汉语语法的角度而言，这种所谓的从句表达的从属关系不是语法结构上的，而是逻辑语义上的。

综上所述，我们可以这样去总结英语形容词性从句在汉语中的处理方法：第一，现代汉语前置定语可以直接用来处理英语中较短的形容词性从句，而对于较长的形容词性从句，为了符合汉语的表达习惯，则需要通过汉语复句来处理。第二，现代汉语中确实没有后置定语（从句）。那么古汉语中是否有后置定语呢？这是一个值得我们关注的现象。不少学者认为，古汉语中是有后置定语的。在文言文中，"之"字具有取消句子独立性的功能。简单来说，在古汉语的句法中，如果没有"之"字，那么就是一个完整的句子，但是如果有了"之"字，就变成一个从句，作为完整的句子的一部分。比如，"之……者"结构就可以被看作古汉语中的一种限定性后置形容词性从句。然而，这个结构在现代汉语语法中被废弃了。如果使用古汉语，我们就可以直译英语的大部分形容词性从句，例如：

例 3 医之大者，为国为民。

A doctor who is great and excellent serves his country and people.

文言文的后置定语，无论从结构还是语义上都对应英文相应的句式。若暂时抛开文言文与现代汉语风格上的差异，这个句式完全可以用于现代汉语。

第三节　为什么形容词性从句的引导词
称作"关系代词"和"关系副词"？

在形容词性从句中，当提到引导词的时候，都称其为"关系代词"或"关系副词"。那么我们不禁会问："为什么'relative pronoun'和'relative adverb'直译为'关系代词'和'关系副词'？它们和'relative clause'（关系分句）之间有没有什么逻辑关系和关联？"答案是肯定的。如果从译名统一的观点来看，在提及句法和引导词的时候，统一采用"关系"一词还是比较符合这一语法概念的逻辑性和关联性的。从汉译名的角度来看，这有助于中国英语学习者理解形容词性从句。遗憾的是，中国多数语法教材在介绍这一概念时，很少结合汉译名对它们之间的关系进行介绍。下面我们将通过例句从汉译名角度解读关系分句、关系代词和关系副词。

如图 4.1 所示，如果我们要将英语并列句"He is a soldier, and I respect the soldier."变成一个含有形容词性从句的主从复合句。我们需要经历以下步骤：

第一步，我们需要找到上述两个句子中"所指相同"的两个词（不一定非要是同一个词，只要所指相同即可）。所指相同的两个词是所有形容词性从句和它主句的"关系"的体现，也是所有并列句改写成"含有形容词性从句的主从复合句"的前提条件。

第二步，将要被改写句子中的那个"所指相同的词"（图 4.1 中的"soldier"），用相应的代词或副词替换。在图 4.1 中，"soldier"做"respect"的宾语，因此应该用代词"that/whom"。需要注意的是，这里代词指代的词是两个句中"所指相同的两个词"，体现了两个句子之间的"逻辑关系"。所以在这里称它们为"关系代词"，这也许就是它们英文名为"relative pronoun"的原因吧。

第三步，使用关系代词"that/whom"替换原句中"所指相同的两个词"之一的"soldier"之后，我们就得到了要改写句子的底层结构：He is a soldier, and I respect the soldier. → that/whom。但是这个底层结构并不符合英语从句的句法结构：引导词（组）+ 主语 + 谓语（见第二章第五节"主句和从句的异同及其句法体现"）。按照从句的句法结构，引导词（组）必须置于从句的句首。因此，从转换生成语法的角度来说，引导词"that/whom"在这个句子的底层结构中需要经历一个"左移位"。最终生成了这个句子的表层结构，"He is a soldier that/whom I respect."。至此，并列句转化为一个含有形容词性从句的主从复合句的全过程就完成了。

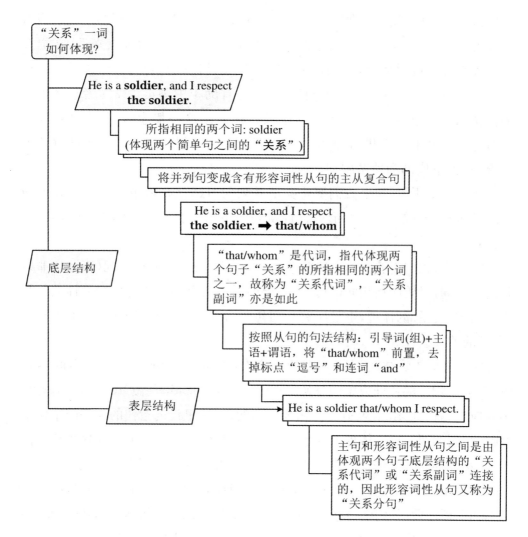

图 4.1 关系分句、关系代词、关系副词中"关系"一词的汉解

通过对图 4.1 的解释,我们会有以下几个方面的收获:第一,了解了代词和副词在形容词性从句中称为"关系代词"和"关系副词"的原因,并由此从名称角度理解了关系分句的由来。第二,理解了并列句转化为含有形容词性从句的主从复合句的先决条件,即并列句中的分句中必须能找到体现两句"关系"的"所指相同的"两个词。第三,从转换生成语法的角度了解了形容词性从句构成的全过程,比如其句法的底层结构、引导词移位等。

第四节　形容词性从句的引导词(组)

毫不夸张地说,引导词(组)是任何从句学习的关键。大多数语法书在介绍形容词性从句引导词的时候,将其分为关系代词和关系副词。从这两个方面介绍固然有其必要性和优点,但也存在不足。比如"by which"这种介词加关系代词的结构究竟属于关系代词还是关系副词呢?因此,本书在介绍形容词性从句的时候,在保留关系代词和关系副词分类的同时,还引入了引导词(组)这一概念。这样一来,对于一些特殊引导词组的介绍才不会给读者带来困扰。

对于英语学习者而言,引导词(组)的学习有两个方面需要加以重视:第一,引导词(组)的类别及其在从句中充当的成分;第二,引导词(组)的选择。如上文所述,形容词性的引导词(组)分为两大类,一类是关系代词,另一类是关系副词。它们的具体类别和在从句中所做的成分如图4.2所示。大多数语法书都会从关系代词和关系副词两大类对引导词(组)在句中充当的成分进行详细的介绍。为了避免重复,本书主要重点介绍与引导词相关的三个重点问题。

第一个问题,引导词和引导词组的区别。顾名思义,引导词即一个单词,如关系代词"that""which""who"等,关系副词"when""why"等。引导词组即由两个或两个以上的词构成的词组。在定语从句中经常会出现由两个词构成的引导词组,如"介词+关系代词"构成的"for which""for whom""with whom"等。此外,还有两个以上的词构成的引导词组,如在句子"The residents, *all of whose homes* had been damaged by the flood, were given help by the Red Cross."中,"all of whose homes"就是由四个词构成的引导词组。

第二个问题,引导词组在从句中充当成分的绝对性问题。上文提出了诸如"by which"或"of whose + $n.$"之类的"介词+关系代词"引导词组的归属问题。引导词组究竟属于关系代词还是关系副词?如果是关系代词,那么它们在从句中要充当主语、宾语、补语或定语等成分。如果是关系副词,那么它们在从句中要充当状语。从语法结构来看,引导词组里面有关系代词;但从逻辑语义来看,引导词组有时相当于一个关系副词,有时又相当于一个关系代词。请看下面三

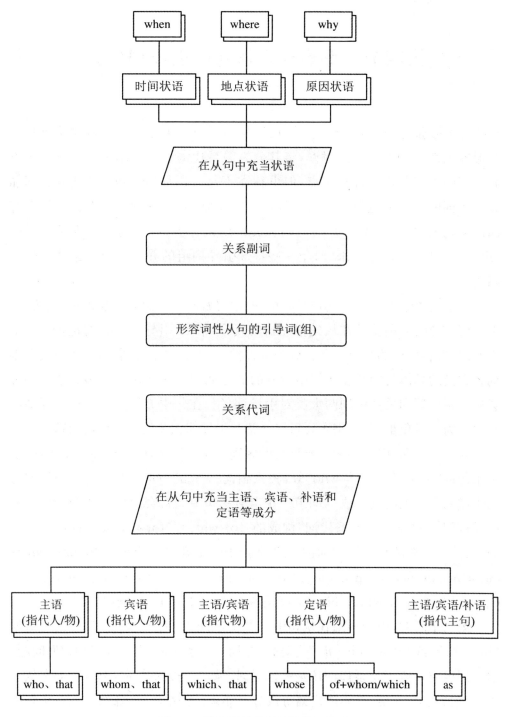

图 4.2 形容词性从句的引导词(组)

个例句。

例 4 I like this house, *in which* (*where*) I had my sweet memories of my childhood.(状语)

例 5 It is useful to be able to predict the extent, *to which* a change will affect supply and demand.(状语)

例 6 The residents, *all of whose homes* had been damaged by the flood, were given help by the Red Cross.(主语)

从逻辑语义而言,例 4 和例 5 中的引导词组相当于一个关系副词,在从句中做状语;例 6 中的引导词组则相当于一个关系代词,在从句中做主语。因此,就引导词而言,我们可以将其分为关系代词和关系副词,并判断其在从句中充当什么成分;就引导词组而言,我们则需要具体地结合语义和位置来区分它们在从句中充当什么成分。

第三个问题,"as"引导形容词性从句的词性归属问题。"as"引导的形容词性从句属于比较特殊的一类,大多数语法书在介绍引导词的时候,没有将"as"划分到关系代词之中,这就导致很多学习者忽略了"as"引导的形容词性从句,也不知道"as"还具有关系代词这一词性。在本章第七节中,将专门介绍由"as"引导的形容词性从句。

第五节 引导词(组)的选择问题

引导词(组)的选择一直是中国英语从句教学的重点,也是中国各种英语考试中经常出现的考点。从本质上看,形容词性从句的引导词(组)选择问题并不难,主要分为两类:一类是引导词的选择。这类比较容易,因为形容词性从句的引导词就两种,不是关系代词就是关系副词,二者择其一,非此即彼。另一类是引导词组的选择,这就涉及句法结构的分析了,学习者需要掌握形容词性从句和并列句的转换机制。对于引导词的选择,具体操作步骤如图 4.3 所示。

需要指出的是,引导词选择的问题中比较麻烦的就是对"缺少定语"情况的判断,因为这种情况对于初学者而言,往往会被误认为"不缺少成分"。比如下面的句子:

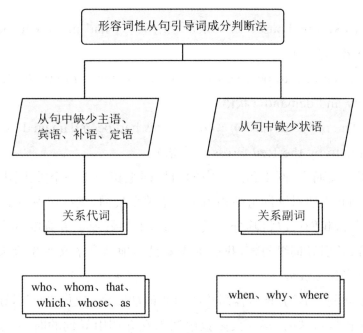

图 4.3　形容词性从句引导词的选择

例 7　Do not walk under a house, *whose* roof is under repair.

例 8　Beer is the most popular drinks among drinkers, *whose* overall consumption is significant.

例 7 和例 8 就涉及引导词的选择,这类问题相对而言比较复杂一些。学习者不仅要熟悉常见引导词的类别和使用方法,还要了解从句的句法结构,同时还要能够熟练掌握形容词性从句和并列句的转换。我们以例 5 为例,通过图解的方式来说明形容词性从句引导词组选择的操作步骤(图 4.4)。

从图 4.4 的操作步骤可以看出,无论是引导词的选择还是引导词组的选择,归根结底都要求学习者能够掌握英语句子五种基本结构及其成分,能够熟悉英语从句句法的基本结构——"引导词(组) + 主语 + 谓语"。因此,中国 EFL 学习者应该夯实句法和词法的基本功,注意知识点的前后联系,构建语法知识框架,这样才能够从语法总体框架的角度和高度去把握英语语法学习的难点。

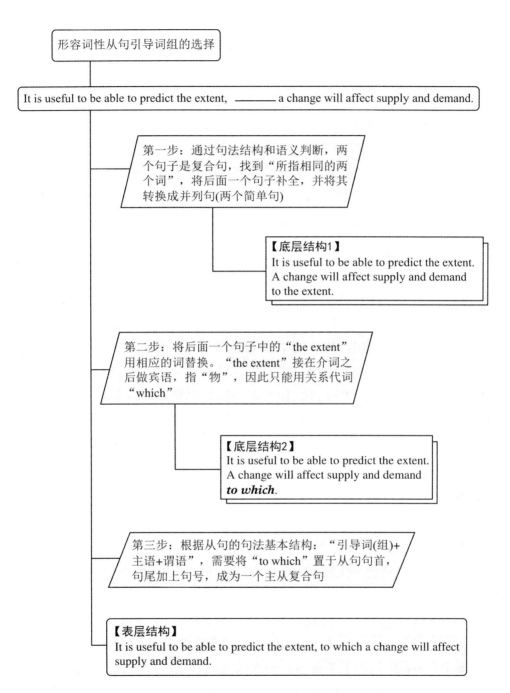

图 4.4 形容词性从句引导词组的选择及操作步骤

第六节 两种属格的"异曲同工"

上文提到了形容词性从句引导词组的选择问题和操作步骤。在分析引导词组选择的时候,我们是以"介词＋关系代词"的引导词组在从句中做状语的情况进行分析的。相信各位读者在学习的过程中都曾遇到过下面两种形式的形容词性从句:

例 9 Do not walk under a house, *whose* roof is under repair.

例 10 Do not walk under a house, *the roof of which* is under repair.

例 9 是由引导词"whose"引导的形容词性从句,例 10 则是由引导词组"the roof of which"引导的形容词性从句。对于初学者而言,一来难以分清它们之间的区别,二来难以参透引导词(组)选择的原理。对于有一定水平的学习者而言,要想自由地运用这两种形容词性从句也存在一定的难度。因为按照传统语法讲解方式,受限于"关系代词"和"关系副词"的分类,会给学习者实际运用形容词性从句带来一定的困难。如上一节一样,本书将从转换生成语法的角度来分析引导词组的选择。这样一来,便可以摆脱"关系代词"和"关系副词"框架的束缚,从句法整体框架来把握形容词性从句。

例 9 和例 10 都是形容词性从句,两者的本质不同在于英语中两种属格(所有格)的形式:一种是"'s"型属格,另一种是"of"型属格。根据这两个属格的类型,我们将例 9 和例 10 的底层结构写出来。

例 11 Do not walk under a house, *the house's* roof is under repair.

例 12 Do not walk under a house, *the roof of the house* is under repair.

注意:因为是句法底层结构,请各位读者忽略符号的使用问题(两个简单句之间不能用逗号相连,图 4.5 中同种情况不再赘述)。在写出了底层结构之后,我们将下面两个句子的变化方式通过图示的方法展现出来(图 4.5)。

图 4.5 为我们展示了两种形容词性从句的句法底层结构到表层结构的转换过程,让我们了解了两种属格生成的形容词性从句的句法原理。在了解了它们的生成原理之后,加以练习,我们就可以将其运用到英语写作之中。这样一来,不仅可以加深我们对从句句法结构的认识,也可以提高我们句法写作的多

样性和复杂性。

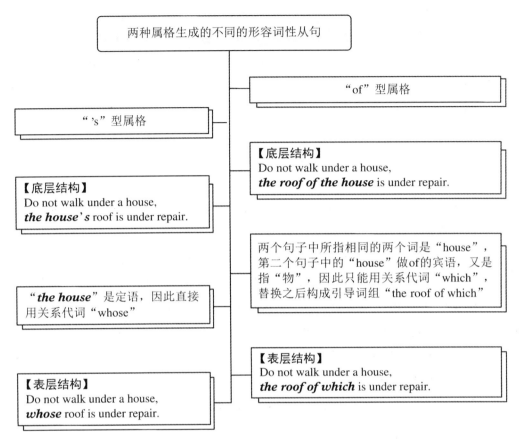

图 4.5　两种不同属格的形容词性从句生成方式图解

第七节　as 引导的形容词性从句

as 引导的形容词性从句是一类比较特殊的从句。特殊之处在于句法和性质归属方面。其句法的特殊性主要体现在以下几个方面：

第一，位置灵活。as 引导的形容词性从句可以置于主句之前、之后，或者以插入成分的形式置于主句之中。和其他非限制性的形容词性从句不同，它是唯一一种可以置于句首的形容词性从句。例如：

例 13　He is a good teacher and a good husband, *as was natural*.

例 14　*As was natural*, he is a good teacher and a good husband.

例 15　He, *as was natural*, was a good teacher and a good husband.

第二，as 在其引导的形容词性从句中是关系代词。不同于其他关系代词，as 通常不指代某一个具体的先行项（antecedent），而是指代整个主句。通常在从句中充当主语、宾语或者补语。

例 16　The young man married the nice girl, *as/which was natural*.（as 做主语）

例 17　He looks like a policeman, *as/which in effect he was*.（as 做主语的补语）

例 18　The boy loves his motherland, *as/which I am happy to hear*.（as 做主语的宾语）

需要指出的是，在例 16 至例 18 中的 as 可以用"which"进行替换。但是前提条件是从句不位于句首，而且 as 不能是"主谓宾结构"从句中的主语，例如：

例 19　The man saw the lovely puppy, *which/as delighted him*.

第三，as 通常译为"正如"，表达"理由""比较""方式""认同"等意义，而且通常和主语的意思相一致，一般不相悖。这也是与其他关系代词不同的地方。as 引导的形容词性从句有时还能省略操作词。

例 20　*As (was) mentioned above*, the function of the device is wonderful.

例 21　Grammar matters in English writing and reading, *as (was) mentioned above*.

就类别归属而言，上述由 as 引导的从句究竟是形容词性从句还是副词性分句，学界没有统一的观点。从句法结构来看，它相当于形容词性从句。但从逻辑语义来看，这类从句表达的大多是"理由""比较""方式""认同"等含义。因此，从这一方面而言，它又像是主句的状语，相当于副词性从句的作用。也许正因如此，as 引导的形容词性从句还用在英语的一些特殊结构中，如比较结构（as ... as ...）中以及其他一些结构（如 the same ... as ...，such ... as ...）中。例如，"Some children have no doubt that their cat understands *as many words as does a dog*."。

为了让读者更为直观地了解 as 引导的形容词性从句，我们依然以图示的方式将上述内容表现出来（图 4.6）。

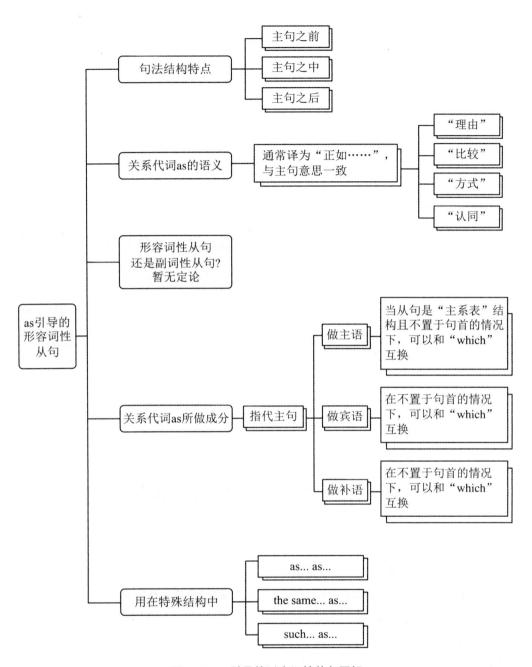

图 4.6　as 引导的形容词性从句图解

第五章 副词性从句

第一节 副词性从句的生成方式及类别

副词性从句,因名称中有"副词"一词,顾名思义,它是按照词类划分而得其名的。它在主句中的作用相当于副词在句子中的作用,通常做状语,因此又称作状语从句(adverbial clause)。副词性从句可以修饰主句中的谓语、定语、状语或整个主句。根据在主句中所承担状语的类别,它又可以进一步细分为:状语时间、地点、原因、条件、目的、结果、让步、方式、伴随等九类副词性(状语)从句。不同于形容词性从句和名词性从句,副词性从句的生成方式相对来说比较简单。因此,其辨别方式也比较简单。下面我们以简单句"He learns English grammar."为例,从转换生成语法的角度,通过图解的方式为大家剖析副词性从句的生成(图5.1)。

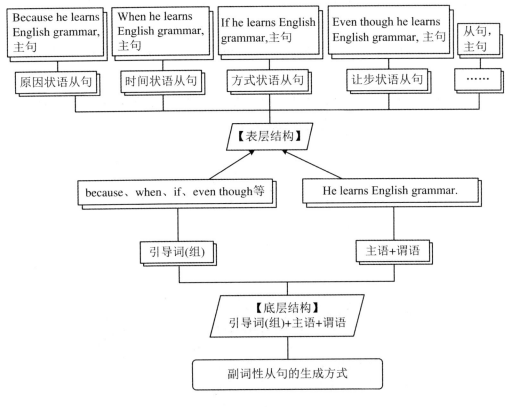

图 5.1 副词性从句的生成方式图解

从图 5.1 的副词性从句的生成方式图解中,我们可以得到以下几个方面的信息:

第一,副词性从句也属于英语从句的一种,因此它也需要符合从句句法的基本结构"引导词(组)+主语+谓语"。同时,和英语中其他从句一样,副词性从句也不可以单独存在,需要附着在一个主句之上,和主句之间是从属关系。

第二,副词性从句在句中的位置相对比较灵活,但不同的位置在语义方面有着不同的重要性。一般而言,位于句首的副词性分句最能突出其"从属地位",从而突显了主句的语义。而位于句尾的副词性分句在一定程度上"从属地位"有所减弱,它在语义上的地位就增加了。这就为我们写作的表达方式提供了参照,如果我们想突出副词性从句的语义,我们就可以将其放在主句之后,而如果我们想突出主句的语义,并不想突出副词性从句的语义,就可以将其放在主句之前。需要注意的是,当副词性从句位于句首或句中时通常用逗号与主句隔开,位于句尾时可以不用逗号隔开。

第三,副词性从句的引导词(组)一般都是从属连词。从图5.1中我们可以看出,一般情况下从属连词的含义决定了副词性从句的类别。例如,表示原因含义的从属连词引导的一般是原因状语从句,表示时间关系的从属连词引导的一般是原因状语从句,以此类推。

如前所述,副词性从句的类别一般是由其引导词(组)的含义所决定的。通常来说,副词性从句可以分为九种(图5.2)。

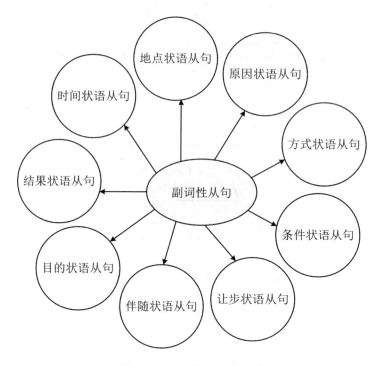

图 5.2 副词性从句的分类

英语中的状语分为三类,分别是修饰性状语、评注性状语和连接性状语。上述九种副词性从句都属于修饰性状语。需要指出的是,以上九种不含比较状语从句。虽然不少语法书介绍状语从句时,会将"the more ... the more ..." "as ... as ..."等句型认为是比较状语从句,但英语中是否存在比较状语从句还存在一定的争论。主要是因为这些句型不能算作从句的中心成分,不符合"引导词(组)+主语+谓语"的从句句法结构。章振邦等人认为,这是一种比较结构而非比较状语从句。因此,本书沿用章振邦等人的划分方法,不将其认作副词性从句,而将其认作比较结构。①

第二节 副词性从句的引导词(组)

上文提到了副词性从句的生成方式及类别。通过上文的介绍,我们可以得知副词性从句的引导词(组)决定了副词性从句的具体类别。不同于形容词性从句和名词性从句,副词性从句不仅在数量上多于前两类从句,在引导词(组)的数量方面也远多于前两类从句。副词性从句的引导词(组)一般都是从属连词,按照其构成可以分为以下四类:简单从属连词(simple subordinator)、复杂从属连词(complex subordinator)、关联从属连词(correlative subordinator)和边际从属连词(marginal subordinator)。

如果从引导词组的角度来看,简单从属连词是引导词,它通常只有一个词,构成相对简单。其他三类都是由两个或两个以上的词构成,是引导词组。具体言之,复杂从属连词通常以"that"或"as"结尾,如 considering that、providing that、seeing that、such that、supposing that、in that、in order that、as far as、as long as、as soon as、in as much as 等。

关联从属连词通常由一个从属连词和一个连接性副词构成,通常分开使用。这两个词在句法上是相互独立的,在语义上却又是相互关联的。例如,as ... as ...、such ... as ...、no sooner ... than ...、hardly ... when ...,等等。

边际从属连词,顾名思义,它们中很多不属于连词,仅是一些起着从属连词作用的结构或词组。这些结构或词组通常为连词加副词、做时间状语的名词词组或以"the fact that"结尾的介词词组。例如, just as、only if、every time (that)、the minute that、due to the fact that,等等。具体分类如图5.3所示。

---

① 章振邦在《新编高级英语语法》中将状语分句划分为九种类型,其中没有比较状语分句,而是将其单独归类为比较结构。他还对比较结构的基本架构进行了分析,认为比较结构是由"比较项"和"比较分句"构成的,如在"as bright as Kate is"中,"as bright"是比较项,而"as Kate is"是比较分句。

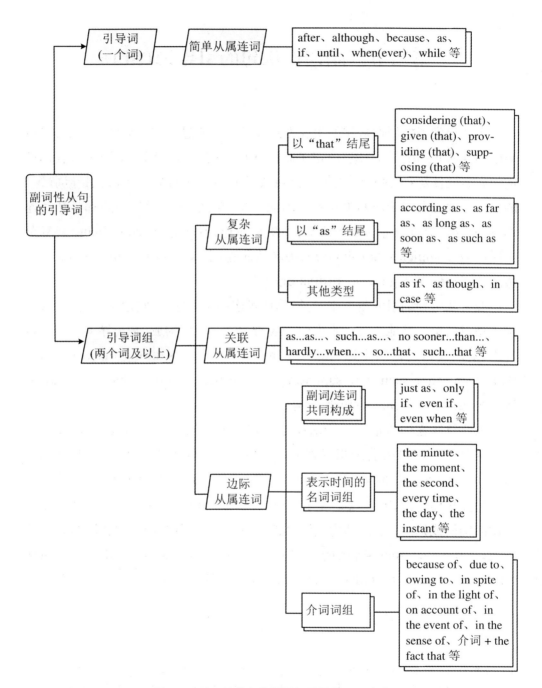

图 5.3 副词性从句的引导词及引导词组分类

第三节　副词性从句和并列句的区别

副词性从句一般由从属连词引导，而并列句通常由并列连词引导。两者在句法上具有以下两点不同：

其一，副词性从句在主句中的位置相对比较灵活，而由并列连词引导的独立分句位置相对固定。

副词性从句举例如下：

例 1　*If he comes*, I will tell him the news.

I will tell him the news *if he comes*.

并列句举例如下：

例 2　They should work hard, *or they would fail in the exam*.

Or they would fail in the exam, they should work hard.

如例1和例2所示，副词性从句中的从属连词作为引导词一般置于从句的句首，起到"从属标记"的作用，表示其后的句子是"从属分句"。并列连词一般处于两个独立分句之间，起到"并列连接"的作用，表示前后两个句子是相对独立的并列关系，都是"独立分句"。需要注意的是，并不是所有的副词性从句的位置都可以改变。上一节中提到的诸如 as … as …、such … as …、no sooner … than …、hardly … when … 等关联从属连词引导的状语从句，其位置一般不可改变，是相对固定的。

其二，副词性从句的从属连词之前可以加其他连词，而并列句的并列连词之前不能再加其他连词。

例 3　She failed in the exam not because the questions were difficult, *but* because she was lazy.

例 4　She failed many times, *and* yet he did not lose heart.（"and yet"属于上文中提到的边际从属连词，意为"虽然如此"。）

例 5　He is a boy, *and* but he is tall.（错误）

第六章 一致关系

第一节 主谓一致为什么难？如何才能学好主谓一致？

主谓一致,顾名思义,即主语要和谓语在人称和数上保持一致。这种一致关系,体现出英语词法和句法的联系和纽带,在英语日常交流的各种文体中极为常见。在英语学习的过程中,相信大家会注意到这样一个现象,凡是人们交流中经常用到的那些语法点,通常规则纷繁复杂,有着各种各样的特殊用法(如常见的时态、情态动词、非谓语动词等),不太容易掌握。与之相反,那些人们日常鲜少用到的语法点,比如独立结构、双重谓语等,规则较少,易于掌握。

正如我们在第一章"绪论"中提到的,前者属于"大规则",后者属于"小规则"。"大"指的是体量庞大,规则纷繁复杂;"小"指的是体量较小,规则相对固定。正是人们使用语言的"频率问题"导致语法规则有"大""小"之分,越被人们经常使用的规则,变化越多,特殊用法越多;反之,则越少。主谓一致不仅体现了英语词法和句法的结合,同时它还是人们经常在各种场合中使用的那些"大规则"之一。因此,它的规则和特殊用法较多。对英语学习者来说,要想全面地掌握主谓一致,存在一定的困难。

对于像主谓一致这种英语语法中的"大规则"而言,我们在学习时应该学会"抓大放小",即记住最主要、最常用的一些规则。同时,在记忆各种规则的时候,我们可以通过"以少记多",即记忆少量的规则,通过排除法记忆那些知识点多的规则。这样一来才可以达到事半功倍之效。但需要注意的是,技巧归技巧,语言的学习需要长期积累,是一个循序渐进的过程,不可能一蹴而就,就像毛泽东同志曾说过:"语言这东西,不是随便可以学好的,非下苦功不可。"

第二节 主谓一致的常用规则及其记忆方法

传统语法通常从"意义一致""语法一致""就近原则"三个方面介绍主谓一致。对于一些语法大全或工具书而言,这样全面详细的介绍必不可少,有着诸多益处。本书尝试另辟蹊径,从常见规则及其记忆方法切入,结合相应的"图文汉解"介绍主谓一致的主要规则和注意点,以期从一致关系方面为读者构建词法和句法的联系框架。就规则介绍方面而言,本书结合传统语法的三个方面,对广大教师普遍采用的教学方法进行借鉴并总结,配以图解,从"三个'看'""一分为二""实事求是"等三个方面谈谈主谓一致的学习技巧。

一、三个"看"规则

(一)"向前看"规则

如图6.1所示,在"向前看"规则中,谓语动词和A的人称和数保持一致。

例1 John, as well as his friends, is going to the party.

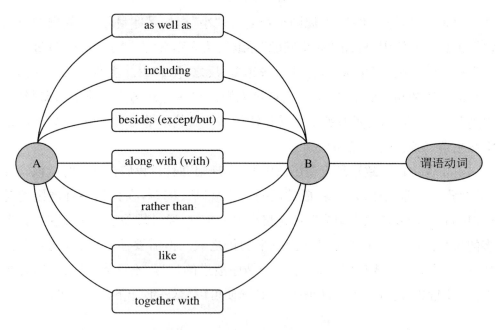

图 6.1 "向前看"规则记忆技巧图解

译文:约翰和他的朋友们要去参加派对。

例 2 The director, including her assistants, works late.

译文:导演和她的助手们工作到很晚。

(二)"向后看"规则

如图 6.2 所示,在"向后看"规则中,谓语动词和 B 的人称和数保持一致。

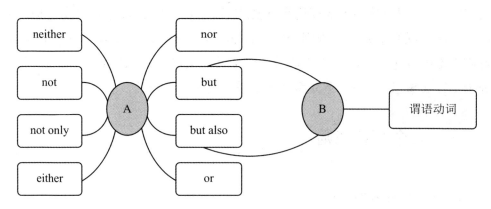

图 6.2 "向后看"规则记忆技巧图解

例3 Either my brothers or my father is coming.

译文：要么我父亲过来，要么我兄弟过来。

例4 A boy or a girl is able to do it without difficulty.

译文：一个男孩或一个女孩便可轻易做到。

"向前看"和"向后看"规则记忆技巧图解如图6.3所示。

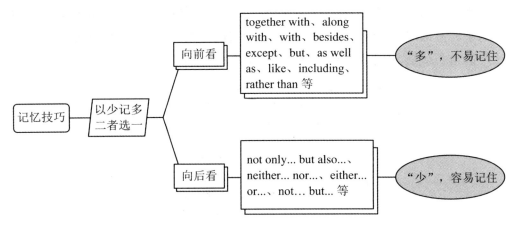

图6.3 "向前看"和"向后看"规则记忆技巧图解

（三）"全体看"规则

在"both A and B"和"A and B"中，谓语动词的数与"A 和 B"保持一致。

例5 Bob and Mary are as good as engaged.

译文：鲍勃和玛丽的关系像订婚了一样好。

例6 The sea and the sky seem to melt into one another.

译文：大海和天空好似融为一体。

在上述"三个'看'"规则中，我们会发现，第一个"看"涉及的知识点最多，第二个"看"位居其次；"全体看"是最少的，而且根据常识判断，也能知道在这种情况下谓语动词要用复数。因此，在这"三个'看'"规则中，我们只需要记住第二个"看"里面的这些词组（这些词组朗朗上口，易于记忆），就可以掌握这"三个'看'"规则的所有知识点了。

二、"一分为二"规则

（一）集体名词的"一分为二"

英语中的集体名词，如 class、team、group、nation、crew、government 等词做句子的主语时，如果将这些词看作一个整体，则谓语动词用单数；如果强调整体中的每个成员，则谓语动词用复数。具体如图 6.4 所示。

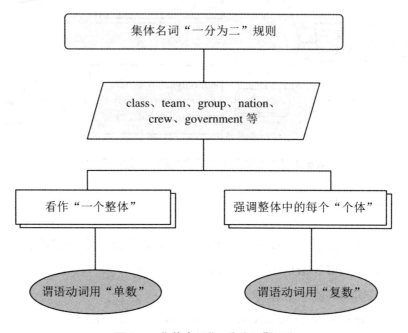

图 6.4　集体名词"一分为二"规则

例 7　The family is the basic unit of the society.
译文：家庭是社会的基本单位。

例 8　His family are all music lovers.
译文：他的家人都是音乐爱好者。

（二）of 结构的"一分为二"

在 some of、plenty of、lots of、most of、part of、the rest of、half of、百分数＋of、分数＋of 这些结构中，谓语动词的数要和 of 之后的词保持一致。具体如图

6.5 所示。

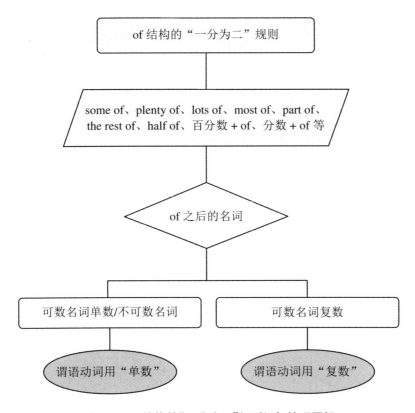

图 6.5　of 结构的"一分为二"规则记忆技巧图解

例 9　The rest of the bread is for breakfast.
译文：剩下的面包是当早餐的。

例 10　The rest of the questions are being discussed.
译文：其余问题正在讨论中。

三、"实事求是"规则

英语中有一些名词表示"总称"意义，如 people、police、public、cattle、folk 等。这些词本身没有加"-s"或"-es"。因此，当这些词在表示"总称"含义的时候，谓语动词一般用复数。

例 11　People are not poor because they have large families.
译文：人们并不贫穷，因为他们有大家庭。

例 12　The cattle are fed on barley.

译文：这些牛要喂大麦。

需要注意的是，如上文所述，词类的划分不是绝对的，词义也不是绝对的，如"people"在表示民族的时候，是可数名词，有复数形式，可以加"-s"。因此，我们在学习语法规则的时候，要辩证地去对待、区分不同的情况。

例 13　Our two peoples share the same experience.

译文：我们两国人民有着相同的经历。

四、主语中心词的判断

中心词（headword）这一概念源自乔姆斯基的 X-阶标理论（X-bar theory）。这是一种短语结构理论，在阶标理论中，词处于底层，称为中心语，而词组处于最高层，是中心语的最大投射（maximum projection）。以短语"this kind of books"为例，我们按照阶标理论可以画出以下树形图（图 6.6）。

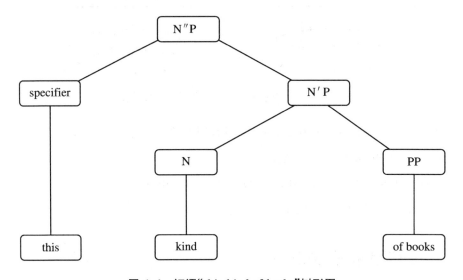

图 6.6　短语"this kind of books"树形图

从图 6.6 可知，短语 N″P 表示 this kind of books，位于最顶层，它就是底层中心词 N（表示 kind）的"最大投射"。通过上面的树形图，我们对中心词的概念就有了更加直观的了解。从名称角度来说，中心词，即各种词组的"中心"或"核心"。各种类别的词按照一定的规则，围绕中心词构成某一类别的词组，中心词的词性决定了词组的类别及构成方式。

在主谓一致的语法点中,中心词就是谓语动词的数所要保持一致的对象。那么如何找出主语的中心词呢?在第二章中,我们提到过英语长句的五种切分点。这些切分点同样可以应用于主谓一致中对主语中心词的判断。如下面两个句子:

例14 Books (of this kind) are very good.

例15 This kind (of books) is good.

我们通过切分点的方式,找到上面两个句子中的切分点介词"of",再使用括号将切分点括起来,这样主语的中心词就非常明确了。在例14中,中心词是"books",因此谓语动词用复数"are";在例15中,中心词是"kind",因此谓语动词用单数"is"。同样,我们也曾提过,被括号括起来的切分点一般是三种成分,即定语、状语或同位语。在这里,我们通过形式和含义综合判断,上面两个句子括号里面的成分都是"定语"。

第三节　主谓一致的注意事项

掌握了主谓一致的主要规则和中心词的判断方法之后,我们还要了解主谓一致学习和使用中的一些注意事项。

第一,"and"的并列主语问题。如果"and"前后连接的两个单数名词各带有自己的冠词,那么这时主语表示两个事物,谓语动词用复数。反之,如果"and"前后连接的两个单数名词,只有第一个带冠词,则表示一个事物,谓语动词用单数。

例16 The writer and the worker are my friends.

例17 The writer and worker is my friend.

第二,"and"前后连接的两个结构相同,这时通常主语是两个事物,谓语动词用复数,如"to do sth. and to do sth.""doing sth. and doing sth.""when to do and where to do"等。

例18 What I say and think are no business of yours.

译文:我的言行与你无关。

例19 Playing basketball and watching films are his hobbies.

译文:打篮球和看电影是他的两个爱好。

反之则是单数,如"to do sth. and sth.""doing sth. and sth."等。

例 20 To read books and magazines is enjoyable.

译文:读书和看杂志令人感到愉快。

例 21 Eating fruits and vegetables is healthy.

译文:吃水果和蔬菜很健康。

第三,"one of + 复数名词",若该复数名词后接有定语从句,则该定语从句是修饰此复数名词的,因此,从句中的谓语动词应用复数,而整个句子的谓语动词应用单数,"the(only) one of + 复数名词"之后的定语从句用单数。

例 22 One of the books that are on the table is mine.

译文:桌子上的一本书是我的。

例 23 The one of the cars that is red is mine.

译文:那辆红色的车是我的。

主谓一致的注意事项记忆技巧图解如图6.7所示。

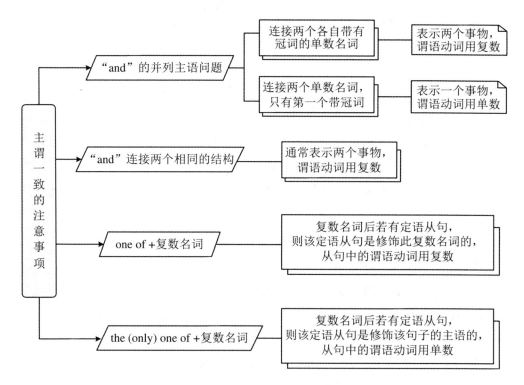

图6.7 主谓一致的注意事项记忆技巧图解

第七章 谓语动词的时与体

第一节 英语时与体的概述及时态的由来

英语的"时"(tense)与"体"(aspect)都是围绕英语动词而运作的,它们是与动词密切相关的两个不同的语法范畴。章振邦是国内最早对它们进行划分的学者。按照章振邦的划分方法,"时"是表示时间区别的动词形式,"体"是表示动作或过程处于什么状态的动词形式。从严格意义上看,英语中的动词有两个"时":现在时(present tense)和过去时(past tense)。

英语中的动词还有两个"体":进行体(progressive aspect)和完成体(perfective aspect)。进行体表示动作或其状态在某一时间段内正在进行,完成体表示该动作已经完成。通常情况下,动词的"时"和"体"经常结合在一起使用,用来表示不同时间和处于不同状态的动作。动词的"时"与"体"的结合,构成了动词不同时间的表示方式,如图 7.1 所示。

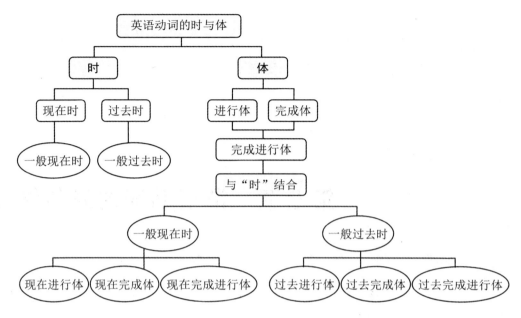

图 7.1 英语动词"时"与"体"的组合

如图 7.1 所示,我们会发现三个问题:

其一,动词的"时"可以单独使用。不与"体"结合使用的"时"有两种形式,分别是一般现在时和一般过去时。一般现在时指的是未与进行体或完成体相结合的现在时的动词形式;一般过去时指的是未与进行体或完成体相结合的过去时的动词形式。

其二,动词的"体"不可以单独使用,必须要和相应的"时"相结合,构成诸如现在进行体、现在完成进行体等。

其三,我们在上述"时"和"体"的论述中没有提到"将来时",同样,我们在图 7.1 中也没有发现"将来时"。

那么英语中是不是没有将来时?这个问题我们要一分为二地去回答。首先,英语动词的确没有将来时的形式;其次,英语动词可以通过一定的手段来表示将来时。究其原因,在长期的发展过程中,英语没有形成表示将来时间的动词形式,只有表示现在(动词原形和第三人称单数形式)和过去(动词的过去式)两种时间形式的动词。英语动词如果要表示将来的时间,就需要借助"操作词(be 动词、助动词)及相应的词组"。现代英语中表示将来时间的手段一般有五种,分别是:

(1) will/shall + do；

(2) be going to do；

(3) be doing；

(4) be + to do；

(5) be about + to do。

因此，我们在图 7.1 的基础上，根据英语动词将来时间的表示方式，可以得到图 7.2 英语动词所有时间的表示方式。

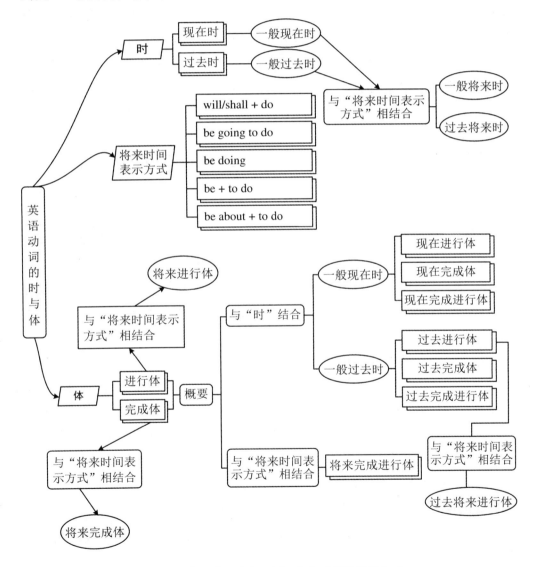

图 7.2　英语动词现在、过去、将来时间的表示方式

从图7.2中,我们可以看到由英语动词的"时""体"以及将来时间共同构成的十四种常用时间及状态的表示方法。为方便起见,多数语法书将这十四种动词时间及状态的表示方法统称为"时态",很少对"时"和"体"这两个不同的概念加以区分和说明。大多数读者也因此对这两个概念比较陌生。通过图7.1和图7.2两个图解,以及上文中对英语"时""体"和将来时间表示方式的概述,相信大多数读者会对英语时态的构成及来龙去脉有较为清晰的了解。

多数教学语法专著一般都会对英语动词的各种时态、构成、用法、时间状语等各个方面进行较为全面的介绍。为了避免重复,本书着重从英语时态的体系、由来、中西语言差别及时态汉译名蕴含的中国传统文化等方面剖析英语时态的内涵及用法。同时,本书还侧重对常用时态及英语时态学习的"痛点"进行剖析,以期为英语时态的学习提供中西对比和中国语言文化的参照。

第二节　英语时态、语态汉译名蕴含的中国文化

英语语法术语现译名大多保留了首译名中的核心汉字,而"时态"(tense)和"语态"(voice)的译名则是例外。根据严复《英文汉诂》中的记载,"tense"最初译为"候","voice"最初译为"情"。如果说"tense"现译为"时态"我们比较好理解,但是"voice"现译为"语态",就有点让我们摸不着头脑了。中国自古以来"文言不一",经过几次白话文运动之后,现代汉语的很多词义和文言文的词义相去甚远。由于现代汉语和古汉语的差异,汉译名也随之发生了一些变化。

正是由于这些变化,现代读者若想从汉译名角度理解英语语法就会有一定的困难。比如"tense"一词,首译为"候"。该词在古汉语中的意思是"事物变化中的情况"。虽然现译名中没有采用这一词,但现代汉语中的"候"依然保留了这一词义,如"火候""征候"等。就这层意思而言,首译名更加贴合"tense"原文的意思,正如上文中提到的那样,动词不同的形式可以表示不同的时间处于不同状态的动作。如果我们将严复《英文汉诂》中时态的首译名和现译名进行对比,我们会发现,除去"tense"一词的译名,英语中其他时态的现译名基本和首译名没有太大差别,具体见表7.1。

表7.1 英语时态首译名和现译名对照表

时 态 英 文 名	现 译 名	《英文汉诂》首译名
the simple present tense	一般现在时	现在之不论方既
the simple past tense	一般过去时	过去之不论方既
the simple future tense	一般将来时	将来之不论方既
the past future tense	过去将来时	无
the present continuous tense	现在进行时	现在之方事
the past continuous tense	过去进行时	过去之方事
the future continuous tense	将来进行时	将来之方事
the past future continuous tense	过去将来进行时	无
the present perfect tense	现在完成时	现在之既事
the past perfect tense	过去完成时	过去之既事
the future perfect tense	将来完成时	将来之既事
the present perfect continuous tense	现在完成进行时	现在之兼言方既
the past perfect continuous tense	过去完成进行时	过去之兼言方既
the future perfect continuous tense	将来完成进行时	将来之兼言方既

注:"方"表示正在/进行;"既"表示完成;"不论方既"表示不是正在,也不完成,那么就是一般现在时。

从表7.1中,我们可以发现两个方面的问题:

第一,现译名基本沿用了首译名中的核心词,细微的调整是由现代汉语和古汉语的差异所致的。这不仅体现了现代汉语对古汉语的传承和创新,也反映了中国近代英语教育的传承精神。同时也说明严复的首译不仅贴切原文的意思,同时也展现出古汉语的独特魅力。

第二,"一般现在时"和"一般过去时"的首译名似乎更贴切英语"时"和"体"的概念。严复将一般现在时译为"现在之不论方既",意为"就是指现在,不是正在,也不完成"。这正好对应本章第一节中提到的一般现在时的范畴,即"未与进行体或完成体相结合的现在时的动词形式"。一般过去时首译为"过去之不论方既",和上文提到的一般过去时的范畴也相对应。

因此,我们不难发现,首译名体现出了对英语动词"时"与"体"的区分,而现译名则没有考虑到这种区别。首译名和现译名的差别不仅体现出现代汉语和古汉语的相互联系和区别,同时也反映出古汉语高度简洁而又舒展自如的特点。比如,首译名中"方""既"二字的丰富含义是现代汉语难以企及的,也是值得当代读者学习和借鉴的。

如果说"tense"一词的首译体现出了汉语形式上的精炼和内涵上的舒展性,那么"voice"一词的首译则反映出了内涵丰富、包罗万象的中华传统文化。

根据现译名来看,及物动词有两种语态,分别译为主动语态和被动语态。主动语态的主语是动作的发出者,被动语态的主语是动作的承受者。严复采用"刚声"和"柔声"去翻译英语中的"active voice"和"passive voice",不仅让译文和原文达到了"形合"和"意合"的高度对等,还在译介英语语法的同时传承了中华传统文化。由此可见,严复的首译不仅具有开创性,而且对当今在英语教育中融入中华传统文化也是具有启发意义的。

第三节　英汉两种语言对时态的不同理解和表示方法

英语属于印欧语系,而汉语属于汉藏语系。前者是使用最广的拼音文字,后者是使用人数最多的象形文字。两种语言源于不同的文化,前者源于爱情海的商业文明,后者源于黄河流域的农业文明,它们也因此有着不同的内在逻辑和发展脉络。对于中国英语学习者而言,在学习中不仅要传承中国传统的"会通中西"的思想,善于总结和发现两种语言的相同之处,做到中西互鉴,同时,也要注意将辩证唯物主义和历史唯物主义的世界观和方法论运用到两种语言的学习中去,深刻认知两种语言之间既对立又统一的规律,善于发现两种语言的不同点。

就英汉两种语言在时态上的差异而言,主要体现在两个方面:动词的形式和时态的表示方法。第一个方面,动词的形式。这是最根本的差别,英语属于曲折语言(inflectional language),不同形式的动词表达不同的时间,以"eat"一词举例：

例1　She eats an orange.

例2　She is eating an orange.

例3　She ate an orange.

例4　She will eat an orange.

例5　She will be eating an orange.

例6　She has eaten an orange.

例7　She has been eating an orange.

在上述七个英语句子中，"eat"的两种"时"，以及两种"时"结合两种"体"和相应的操作词构成了不同的形式，表达了不同的时间。我们再来看看汉语的表达：

她吃橘子。

她正在吃橘子。

她吃了橘子。

她将要吃橘子。

她将会正在吃橘子。

她已经吃过橘子了。

她一直在吃橘子。

我们会发现，在上述七个汉语句子中，动词"吃"的形式始终没有发生变化。时间的变化是通过时间状语来表示的。

在时态表示方面，英语的时态变化是通过动词的形式变化来表示的，时间状语不是必要的。相反，汉语的时态变化是通过时间状语来表示的，时间状语一般不能省略，动词形式不跟随时间的不同而发生变化。因此我们可以将英汉两种语言对时态表示的差异总结为：英语动词形式的变化反映时态的变化，在不同的时间段要选择相应的动词形式。汉语的时态是通过时间状语来表示的，动词本身的形式不发生变化。这个规则应用到翻译中，可以在一定程度上提高我们的写作水平。比如对于下面这个句子的英译：

例8　我过去是老师，我现在是老师，我将来还会是老师。

译文A：I was a teacher in the past, I am a teacher now, and I will be a teacher in the future.

译文B：I was a teacher, I am a teacher, and I will be a teacher.

抛开一些细微的语义差别,很显然译文 B 要比译文 A 简洁得多。同时,我们还会发现,时间状语在英语时态的表达中只是一个"附加成分",起到让时间具体化的作用。相反,在汉语中,去除了时间状语,就很难表达不同的时态了。

英汉时态差异图解如图 7.3 所示。

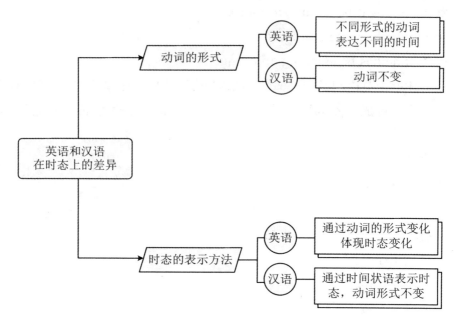

图 7.3　英汉时态差异图解

第四节　时态规则的相对性问题:"主将从现"还是"主现从现"?

时态呼应是英语学习中的一个难点,同时这也反映出了语言学习的特点,即规则都是相对的,总有存在于规则之外的一些约定俗成的用法。因此,对于英语时态的学习,我们需要掌握两个重要原则,即"身临其境"和"实事求是"。身临其境指的是,在我们学习和使用英语时态的时候,要有一定的"代入感",即从说话人的角度去考虑语义和时态的关系。实事求是指的是,我们不能死记规则,在掌握基本规则的前提下,要具体情况具体分析,遵循实事求

是的原则。尤其当我们在英语写作中运用时态的时候,更要灵活。比如下面这些句子:

例9　She dies.

例10　She has died.

例11　She will die.

例12　She is dying.

在没有时间背景的情况下,我们很难说上面哪个句子正确,哪个句子不正确。一般而言,在没有确切的时间状语、具体的语境和上下文的情况下,只要语言符合逻辑,都不算语法上的错误。

就语言的错误而言,我们不能持"非此即彼"的绝对态度。很多时候要结合语境和用法以及客观实际进行判断。众所周知,语言的错误一般可以分为两种,一种是语法错误,另一种是语境错误。前者是硬伤,一般而言是不能够被人们所接受的,如写英语的句子缺少谓语,情态动词之后没有用动词原形。而时态错误大多都属于语境错误。这种错误很多时候都是相对的,要视情况具体对待。在科技文体或科幻小说中,各种时态的混用是较为常见的。例如,著名的意识流小说《尤利西斯》就是故意错用时态意义来体现内在的逻辑关系,表面看似不合逻辑、断断续续,却能够引领读者探寻背后的连贯信息。正因如此,时态的学习和使用给学习者带来了困扰,所以我们在处理时态问题时要记住上面两条原则,即"身临其境"和"实事求是"。

下面我们将从"主将从现""主现从现"两个方面来讨论上述两条规则的使用,以及时态错误的相对性问题。大多数语法书在介绍"主将从现"知识点的时候,一般会提到这样一条规则,比如"在时间状语从句和条件状语从句中,我们通常使用一般现在时/现在完成时来替代一般将来时/将来完成时"。如下面例句中斜体的部分:

例13　I will tell him the news *when I see him*.

例14　If you *have finished* reading the magazine, before I leave, please give it to me.

例15　I shall go as soon as I *have finished* my lesson.

其实,上述这条规则可以简化为:在时间和条件状语从句中不能出现将来时,如果要表达将来时,那么必须用相应的现在时态来表示。无论是简化前还是简化后的规则,都是相对的规则,总有例外的情况。这就是本节要讨论的语法规则的相对性问题。我们来看下面两个句子：

例 16 I will go shopping with you, if you *will wait* me.

例 17 A black substance *appears* when the sugar is heated.

例 16 和例 17 中的条件句和主句就不符合"主将从现"的规则。具体言之，从动词的形式来看，例 16 中的主句和条件句使用的都是一般将来时。究其原因，该句中 if 引导的条件状语从句中的"will wait"并不是表示"将来"的含义。这里的"will"表达的是"意愿"，意为"如果你愿意等我的话"。

在例 17 中，主句也没有用一般将来时，但是按照语义来看，"糖一加热，黑色的物质就会出现"。主句表示的是将来的动作，在这里虽然是将来要发生的动作，但它表示的是一个客观真理，所以一般将来时要让步于一般现在时。除此之外，时态学习和使用过程中还有很多相对性的规则和例外的情况。限于篇幅，不一一列举，希望读者在今后的学习中能够认识到语言规则的相对性，善于积累，灵活地掌握和运用英语的各种时态。

第五节　be 动词表示状态，实义动词表示动作

传统语法介绍英语时态时，大致从以下四个方面入手：时态用法、构成、常用时间状语以及相应的例句。如果我们对一些语法书中各种时态用法的介绍进行总结，我们会发现这些表述大多大同小异。在表 7.2 中，我们罗列了常用时态的用法和构成。

细读表 7.2 中常用时态的用法和构成，我们可以发现，在对时态用法进行介绍时，大多会提到两个词——"动作"和"状态"。与之相呼应，在各种时态的构成中，大多会有两种动词，实义动词和 be 动词。比如，在介绍一般现在时用法的时候，会有一些高频率的表述，如"习惯性的动作""事物现在存在的状态"；提及现在完成时用法的时候，会有"动作或状态已完成"等高频率表述。根据表 7.2 罗列出的时态用法，我们可以发现，英语中大多数时态用法的描述都是围绕"动作""状态"这两个词展开的。不同之处在于，不同时态的描述要和不同的时间相结合。与之相对应，英语中大多数时态的构成，都是围绕实义动词和 be 动词的各种变化而展开的。比如，现在完成时的结构是"have/has + 实义动词/

be 动词的过去分词",将来完成时的结构是"shall/will + have + 实义动词/be 动词的过去分词"等。

表 7.2 英语常用时态的用法和构成一览表

时态名称	用法	构成
一般现在时	现在一段时间内经常发生的动作或存在的状态	实义动词原形(或第三人称单数);be 动词(am/is/are)
一般过去时	表示过去习惯性的或一次性的动作或存在的状态	实义动词过去式;be 动词(was/were)
一般将来时	表示将来某一刻的动作或状态;或将来某一段时间内经常的动作或状态	(will/shall/be going to/be about to/be to) + 实义动词或 be 动词
过去将来时	表示对于过去某一时间而言将要发生的动作或存在的状态	(would/should/be going to/be about to/be to) + 实义动词或 be 动词;(注:括号中的 be 动词为 was/was)
现在进行时	表示在过去、现在或将来某一刻或某段时间内正在进行的动作	be 动词的四种形式之一(be 动词的现在时、be 动词的过去时、will/shall be、would/should be) + 实义动词的现在分词
过去进行时		
将来进行时		
过去将来进行时		
现在完成时	表示过去开始的一个动作或状态到现在已经完成或停止,或未完成还有可能延续下去	have/has + 实义动词/be 动词的过去分词
过去完成时	表示某一时间之前就已经完成或停止了的一个动作或状态	had + 实义动词/be 动词的过去分词
将来完成时	表示在将来某一时间之前就已完成或停止的动作或状态	shall/will + have + 实义动词/be 动词的过去分词

注:除去四种进行时态的用法中不涉及状态和 be 动词,因为状态本身就含有在相应时间段内"进行"的含义。

根据上面的介绍,我们可以将时态的各种用法和构成规律总结如下:
(1) 英语中各种时态的用法是围绕"动作"和"状态"而论述的;
(2) 英语中各种时态的构成是围绕"实义动词"和"be 动词"的各种变形而展开的;

(3) be 动词表示状态,实义动词表示动作。

掌握这三个基本规律对我们学习时态有哪些帮助呢?作者认为主要有两个方面的帮助:一方面,掌握上述三条规律,便于我们记忆和运用英语时态。我们只需要结合相应的时间,就可以将相应的构成形式写出来。这样一来,当面对种类繁多的时态用法规则时,我们就能事半功倍,很容易地将英语时态的主要知识框架搭建起来。另一方面还有利于我们处理时态学习中的一些难点问题。下面我们以"短暂性动词的现在完成时"为例来讲解第三个规律的使用。

例 18　She has died.

例 19　She has died for 10 years.

例 20　She has been dead for 10 years.

在接触现在完成时之初,相信上面三个句子会让大多数学习者感到困惑。其中,例19是错误的,因为"die"是瞬间动词(又称短暂性动词),不能和表示"一段时间"的时间状语连用。在教学过程中,作者发现多数学习者经常问的两个问题就是,"短暂性动词有完成时态吗?""短暂性动词如果想表示延续的含义该怎么办?"

对于第一个问题的回答是肯定的,短暂性动词有完成时态。对于第二个问题也很好解决。因为短暂性动词的动作是短暂的、瞬间即逝的,所以它的动作(实义动词)不能延续,即不能跟表示"一段时间"的时间状语连用。但是,它的状态(be动词)可以延续。此时,我们上述的第三条规则就派上用场了:"be动词表示状态,实义动词表示动作。"既然短暂性动词的动作不能延续,我们就不用实义动词,即不用例18中"has died"的形式。它的状态可以延续,我们就用be动词的相应形式,即例20中"has been+…"的形式。

第六节　令人费解的时态区分

如前所述,英语时态种类繁多,涉及动词不同形式的变化,对于学习者来说,记忆起来较为困难。同样,对这些时态进行区分也会给我们带来不小的困扰。这些时态的区别大致可以分为以下两类:一类是"大规则"和"小规则"之间的区别;另一类是"大规则"之间的区别。

第七章 谓语动词的时与体

"大规则"和"小规则"之间的区别:"大规则"指的是用法较多、使用普遍的时态,如一般过去时、现在完成时等;"小规则"指的是用法相对固定、使用频率相对较少的时态,如过去完成时、现在完成进行时等。本节主要讲解两个"大规则"和"小规则"之间(一般过去时和过去完成时,现在完成时与现在完成进行时)的区别,同时讲解一个"大规则"之间(一般过去时和现在完成时)的区别。

一、"大规则"和"小规则"的区别之一:一般过去时和过去完成时的区别

在谈论一般过去时和过去完成时的区别之前,我们首先要明白两个问题:第一,动作是否有先后的问题;第二,有没有强调哪个动作的问题。具体言之,一般过去时和过去完成时都可以描述几个过去发生的动作或存在的状态。但是它们之间是存在差别的。我们来看下面几个例句:

例 21　He *told* me the news and I *felt* sad.

例 22　He *stood* up, *put* on his hat, *blew* his nose, and *went* away.

例 23　I *felt* sad **because** he *had told* me the news.

例 24　He *went* away **after** he *had stood* up, *put* on his hat, and *blown* his nose.

在上述四个例句中,例 21 和例 22 使用的全是一般过去时;例 23 和例 24 中后面的从句使用了过去完成时。如果不考虑语义,我们会发现例 21 和例 22 中的动作有先后关系。同样,例 23 和例 24 中的动作也有先后关系。

区别就在于,前者没有"强调、突出或者追溯某个或几个更早的动作",它们之间的"语义"是平等的关系,说话者并不想强调或突出哪个动作更早发生。在例 23 和例 24 中,情况就不一样了。比如,在例 23 中,通过"because"一词,说话者强调或突出了"tell"的动作要早于"feel",因此它应该用过去完成时"had told"。如果我们将例 21 和例 23 两个句子放在"语义天平"(图 7.4)上,以图解的方式就更能清楚地说明这个区别了。

如图 7.4 所示,如果将例 21 句子里面的两个动作表达的语义放在一个天平上,它们两个的重量应该是一样的,说话者不想强调和突出哪一个。相反,例 23 中的句子,因为说话者使用了"because",那么从语义上看,就是想突出"had told"这个更早的动作。那么在图 7.4 的"语义天平"上,"had told"就要重于"felt"。

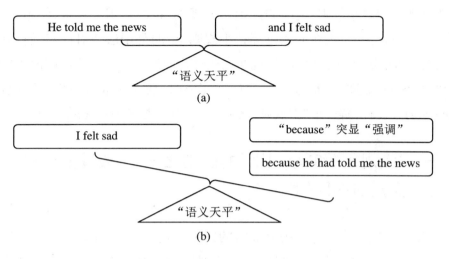

图 7.4 一般过去时和过去完成时"语义天平"图解

根据上述分析,我们可以将一般过去时和过去完成时的区别(图 7.5)总结如下:一般过去时重点在于陈述过去习惯性的动作或状态。在描述过去一连贯发生的动作的时候,通常使用一般过去时。这一连贯的动作在"语义"上的重要性是一样的,虽然这些动作之间有先后关系,但说话者不想强调或突出某个更早的动作。如果在描述过去两个以上的动作或状态时,说话者想强调或突出更早的动作,那么更早发生的动作就要用过去完成时。过去完成时应当谨慎使用,在没有给予"过去背景"、没有上下文的情况下,通常不使用过去完成时。因此,过去完成时使用的时候限制较多,这大概也是它使用频率低、作为一种"小规则"的原因所在。

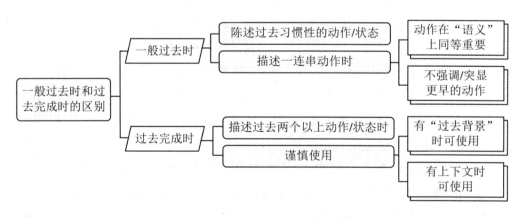

图 7.5 一般过去时和过去完成时的区别

二、"大规则"和"小规则"的区别之二:现在完成时和现在完成进行时的区别

现在完成时和现在完成进行时的区别相对来说就简单一些了。前者作为"大规则",用法繁多,而后者作为"小规则",用法单一。我们可以对它们二者的关系作如下总结:现在完成进行时大多可以和现在完成时的"未完成"用法替换使用,但在表示心理、认识等动作的时候,只可以使用现在完成时,不能使用现在完成进行时,例如:

例 25　I have known you for 5 years.

例 26　I have been knowing you for 5 years.(×)

三、"大规则"之间的区别:一般过去时和现在完成时的区别

如果说前面两点属于"大规则"和"小规则"之间的区别,那么一般过去时和现在完成时之间的区别就属于"大规则"之间的区别。两者都是使用频率较高、规则繁多的"大规则"。它们之间的相同点是,动作都发生在"过去"。大概是这个相同点让学习者对它们难以辨别,经常导致混用。

如果我们从名称入手,就可以很好地区分它们:一般过去时和现在完成时的动作都发生在"过去",一般过去时描述过去习惯性的动作或状态,和"现在"毫无联系。现在完成时的动作虽然发生在"过去",但其名称中有一个"现在",强调"过去"的动作对"现在"的影响,和"过去"毫无联系,所以通常不和表示"过去"的时间状语连用。

如果我们将两者的用法放到具体的语境中去,让自己"身临其境",就能更好地理解两者的区别。例如,"你的母亲下班,看到正在读高三的你没有在写作业,而是在读武侠小说。你的母亲火冒三丈,但又黯然神伤,独自难过。此时你体会到母亲的难过心情,'求生欲'极强的你,想在安慰母亲的同时也替自己解释"。在这种情景之下,有下面两句话,你觉得说哪一句效果更好呢?

A:I finished my homework.

B:I have finished my homework.

综合语境分析,作者认为只有 B 选项才有可能让你在安慰母亲的同时也替

自己解释。B 选项的意思是我"已经"写完了作业，并且对"现在"有影响（I have no homework left undone，我所有作业都做完了，已经没有作业可做了）。A 选项是一般过去时，只能证明你曾经把作业做完了，与现在无关，对现在没有任何影响。因此，在区分这两者的区别的时候，我们可以从具体的汉译名入手，通过设想"真实"的语境，"身临其境"地去分析时态，才可以准确地理解和运用各种时态。

第八章 非谓语动词的时态与语态

第一节 非谓语动词概述

在中国的英语考试中,但凡涉及语法,非谓语动词是无论如何也绕不过去的一个"坎"。如前文所述,它所涉及的知识点繁杂,属于语法学习中的一个"大规则"。正因如此,它也是中国英语学习者语法学习的"痛点"之一。根据作者自身的语法学习和教学经验,非谓语动词难学主要是因为我们没有抓出它的核心要义。

传统语法教材通常会用较大的篇幅去介绍非谓语动词在句中充当的各种成分和用法,可谓是面面俱到。受此影响,在传统教学中,对于它的讲解也基本按照这样的思路,着重关注这类动词在句中充当的各种成分。具体而言,对于动词不定式,教师一般会介绍它在句中做主语、宾语、表语、定语以及各种状语的详细用法。随之又按此套路,继续对现在分词和过去分词再介绍一遍。这种详细介绍和用法说明必然有它的作用和优点,但也在一定程度上增加了学习者的记忆和认知负担,会让学习者觉得体系繁杂,倦怠感便油然而生。

众所周知,同其他类型的动词一样,对于非谓语动词在句中所做的成分,我们往往通过其"位置"和"含义"便可以进行判断(见第二章第一节),在教学过程中大可不必将重心放在其"成分"的讲解之上。试想一下,英语语法体系复杂,每种语法结构在句中都会充当一定的成分。对于这种共性的问题,教师是否应该注重引导学生掌握其判断技巧,将重心放在各种结构的特殊性之上,而不是在教学中做"成分介绍"这种"重复劳动"。本章拟从非谓语动词的汉译名的释读入手,通过对比它和谓语动词的异同,着重分析其"时态""语态"及特殊用法。同时本书还将译名的释读与其内涵要义联系在一起,为英语学习者提供记忆和认知的不同路径。

第二节　非谓语动词的名称汉解及其教学作用

"non-finite verbs"这一术语有两个汉译名:一是"非限定动词",二是"非谓语"动词。在第二章第六节中我们已经对前者的区分和句法表现作了详细的解释;同样,在第二章第一节中我们也曾对"谓语"这一汉语的由来进行了详细的介绍。在作者看来,"非谓语动词"这一译名似乎对中国英语学习者更加"友好",因为它不仅涵盖了非谓语动词的核心要义,而且与中国英语学习者的母语关联性强,更易于引导学习者从字面意思对其进行理解。本节将从"非谓语动词"这一译名来谈谈其在学习和教学中的作用。

从字面意思而言,我们可以对其作以下三个方面的释读:其一,"非"也即"不能,不是",那么"非谓语动词"就是不能在一个英语句子中做谓语的动词。这是非谓语动词区别于其他动词形式的重要特点。其二,既然谈到了"形式""谓语"这些汉语词汇,中国英语学习者自然而然地就会联想到,哪些形式的动词可以做谓语,哪些形式的动词不能做谓语,这样我们就可以说:"除去 to do、doing 和 done 这三种实义动词的形式,其他形式的实义动词都可以做谓语。"因此,我们就可以很清楚地向初学者阐明"谓语动词"和"非谓语动词"在形式和句法上的区别。其三,非谓语动词和谓语动词的不同点和相同点。二者的区别和联系都体现在"非"字上。不同点在于"是否能做谓语",相同点在于"两者都是动词"。需要特别指出的是,两者的相同点正是非谓语动词学习的难点所在。下面我们将结合它们的相同点,着重分析非谓语动词学习中应当注意的要点:

第一,非谓语动词既然也是"动词",那么它和其他形式的实义动词一样,也有"原形"。在学习非谓语动词时,我们应当特别注意,不要将"to do、doing 和 done"看作实义动词的不定式、现在分词和过去分词的形式。相反,我们要像对待其他动词一样,要从整体角度将其看作一个单位,比如,我们就把"to do"看成不定式的原形,把"doing"看成现在分词的原形,把"done"看成过去分词的原形。

第二,非谓语动词既然也是"动词",那么它和其他形式的实义动词一样,也有相应的时态变化和语态变换。比如,"to do"是不定式的原形,那么它的完成时就是"to have done",完成时的被动语态就是"to have been done"。

第三,非谓语动词既然也是"动词",那么它和其他形式的实义动词一样,它的不同形式的变化就反映了时态和语态的变化。我们学习非谓语动词时最应该掌握的一点,就是应当通过非谓语动词的各种形式,判断它的含义、时态和语态。下面将从非谓语动词的各种形式变化释读其时态和语态的要义,试图开辟非谓语动词学习的新路径。

第三节 非谓语动词的时态、语态及其要义

如上文所述,如果将非谓语动词当作一种动词的类型来看,我们需要掌握一个要领,就是将非谓语动词"to do、doing、done"这三种形式视作它的原形。这三种原形也有其基本含义:动词不定式表示将要发生的动作或存在的状态;现在分词表示正在进行的动作和伴随的状态;过去分词表示已完成的和被动的动作。我们需要掌握这些原形的含义,以便对非谓语动词的其他形式作出区分。

既然我们将上述三种形式视作非谓语动词的原形,那么非谓语动词的这三种原形也和其他实义动词一样,有不同的形式变化。它们各自不同的形式变

化,分别表达不同的时态和语态,具有不同的含义。我们将非谓语动词所有形式的变化列在表8.1中。

表8.1 非谓语动词各种形式一览表

序号	非谓语动词	语 态	时 态	表达的含义
1	to do	主动	将来时	没做,主动
2	to be done	被动	将来时	没做,被动
3	to have done	主动	完成时	做了,主动
4	to have been done	被动	完成时	做了,被动
5	to have been doing	主动	完成进行时	做了,继续,主动
6	to be doing	主动	进行时	正在做,主动
7	doing	主动	进行时	正在做,主动
8	being done	被动	进行时	正在做,被动
9	having done	主动	完成时	做了,主动
10	having been done	被动	完成时	做了,被动
11	done	被动	完成时	做了,被动

表8.1列出了非谓语动词的各种形式,分别表达不同的语态、时态及含义。需要特别说明的是,为了便于读者掌握,本书将非谓语动词的不同形式类比成谓语动词。但从严格意义上看,它们并不等同于谓语动词的各种形式,这些结构并不能在一个句子中充当谓语。

看到这些不同的形式,学习者不仅会感到疑惑,也会觉得它们难以区分。比如,如何区分不同的语态?如何区分不同的时态?在这里,我们帮大家总结了以下两点:

第一,对于非谓语动词语态的判断:除了过去分词"done"本身就有"被动"的含义,其他形式的非谓语动词,必须要同时拥有"be"动词的某种形式(如 be/been/being)和过去分词,才能表达"被动"的含义,如表8.1中的2、4、8、10。

第二,对于非谓语动词时态的判断:基本遵循谓语动词各种时态的形式,也就是将谓语动词的各种时态的表达形式变成非谓语的形式。比如,现在完成时的构成形式是"have/has done",那么非谓语动词就是"to have done"。

同样,看到表8.1中非谓语动词的各种形式,我们需要思考以下几个方面的问题:

第一,都是表示"做了",表 8.1 中的"to have done""to have been done""having done"和"having been done"有什么区别?

第二,都是表示"正在做",表 8.1 中的"to be doing"和"doing"有什么区别?

第三,都是表示"做了",表 8.1 中的"to have done""to have been done""having done""having been done"与"done"有什么区别?

对于第一个问题,我们会发现"to have done""to have been done"这些形式,通常都是和句子的主动词连用,给主动词的动作提供一个"已完成"的"时间背景",是做主语的补语,例如:

例 1 The students are said *to have prepared* for the exam.

例 2 The project was supposed *to have been completed* by the end of last month, but due to some unexpected delays, it is still ongoing.

从上面的例句我们可以看出,"to have prepared""to have been completed"要接在"are said""was supposed"之后,为句子的主动词提供一个更早的时间对比,强调在句子主动词动作发生之前,不定式的动作就已经完成。与之不同,"having done""having been done"通常不需要和主动词连用,可以单独做状语,例如:

例 3 *Having finished* all his homework, Tom was finally able to relax and watch his favorite TV show.

例 4 The report, *having been* carefully *proofread* by several editors, was finally ready for publication.

二者的相同点在于,例 1 和例 2 是不定式的完成时,例 3 和例 4 是现在分词的完成时,都强调已经完成;二者的不同点在于,不定式的完成时通常要和句子的主动词连用,紧接在主动词之后,而现在分词的完成时则一般做状语,不需要和主动词连用,可以单独放在句首。如果这个问题解决了,那么我们可以很自然地为第二个问题提供答案。"to be doing"也是如此,需要和句子的主动词连用,一般不能分开使用,如"I am supposed *to be studying* for my final exams, but instead, I am browsing social media."。另外,需要特别指出的是,非谓语动词"to do"可以在句中充当主语、宾语、表语、补语、定语以及各种状语,唯独不能做时间状语。

在解决了前两个问题之后,我们似乎也能够理解第三个问题。"to have done""to have been done""having done""having been done"分别是不定式和

现在分词的完成时,强调的是"已完成",而过去分词"done"虽说有"已完成"的基本含义,但是没有前者"已完成"的语气重,"已完成"的语义不够突显。

例 5 *Attracted by the beauty of nature*, the girl from London decided to spend another two days on the farm.

例 6 *Having been attracted by the beauty of nature*, the girl from London decided to spend another two days on the farm.

两个句子在语义上非常相似,都表达了同样的信息,即这个来自伦敦的女孩被大自然的美吸引,决定在农场多待两天。然而,这两个句子在语法结构和强调点上略有不同。前一个句子使用了一个过去分词短语"attracted by the beauty of nature"作为句子的开头,修饰主语"the girl from London"。这个结构简洁地表达了女孩被大自然吸引这个状态,但没有明确强调这个吸引发生在决定多待两天之前。后面一个句子使用了过去分词的完成时"having been attracted by the beauty of nature",强调了女孩被大自然吸引这个状态发生在决定多待两天这个动作之前。

从语法的角度来看,这两个句子都是正确的,都清楚地表达了句子的意思。区别在于第二个句子通过使用完成时的形式,更加强调了"被大自然吸引"这个状态在时间上先于"决定多待两天"这个动作。因此,第一个句子则更简洁地描述了女孩的状态和决定,而没有明确强调两者的先后关系。综上所述,使用过去分词的完成时更强调时间,如果不想强调两者的时间关系,那么直接使用过去分词可能更简洁和直接。

基于上述分析,我们尝试对它们之间的区别进行了如下总结:

第一,动词不定式"to do"的所有形式一般不充当时间状语。

第二,动词不定式"to have done""to have been done""to have been doing""to be doing"一般不置于句首。

第三,现在分词"having done""having been done"这两种形式一般只充当时间状语,通常译为"在……之后"。

第四,"to have done""to have been done""having done""having been done"这几种形式都是完成时,强调"时间上已完成";如果不强调时间,正常陈述动作的发生,则一般不使用完成时。

为了回答这些问题,我们以两道单选题来说明这个问题:

(1) _____, he can quickly find out what's wrong with the machine.

A. To be well trained　　　　　B. Having well trained

C. Having been well trained　　D. To have been well trained

答案：C

(2) _____ in the queue for half an hour, Tom suddenly realized that he had left his wallet at home.

A. To wait　　　　　　　　B. To have been waiting

C. Having waited　　　　　D. To have waited

答案：C

在第1题中，选项中既有主动语态也有被动语态，我们正常的解题思路大致如下：首先，判断选项的语态是否正确。若A、B、C、D无论哪个选项放到空格中，之前都没有名词或代词，就说明"train"一词自己没有主语，它的逻辑主语是后面句子的主语"he"。其次，通过句义判断应该用主动语态还是被动语态。句义为"在他受过良好的训练之后，他能够很快发现机器哪儿出了问题"，因此，我们能判断出"他"和"训练"之间的逻辑关系为"被动"，所以排除选项B。然后再从A、C、D三个选项中进行排除，大部分学习者就会感觉模棱两可了。

如果我们按照上述总结的差异来解题，就会有全新的视角，同时也能够帮助我们牢记不同形式的特殊性。如第1题，首先，我们排除的是选项D，因为动词不定式的完成时一般要与主动词连用，不能单独放在句首；其次，我们再排除选项B，因为题干表达的意思是"被动关系"，选项B为主动形式，不符合题意；最后，通过句意判断，空格处应该是"在受过良好的训练之后"，"在……之后"通常为时间状语，"to do"的任何形式一般不能充当时间状语，因此排除选项A，所以这题选择选项C。

同理，按照这个思路，我们来解决第2题。首先，排除选项B和选项D，因为动词不定式的完成时要与主动词连用，不能单独置于句首；其次，根据句意，前半句"在排了半个小时的队以后"是做时间状语，动词不定式不能做时间状语，因此排除选项A，所以这题选择C。

第四节 非谓语动词做状语的"依着关系"

中国英语学习者在使用非谓语动词做状语的时候一般存在以下两个方面的问题：其一，区分非谓语动词是做状语还是做其他成分；其二，"依着关系"判断错误，即不能正确使用非谓语动词的相应形式，如主动或被动的误用、时态错误等。这样一来就会使非谓语动词在句中出现"无依着状态"。本节将从非谓语动词做状语的位置及特点、与句子主语的"依着关系"两个方面进行释读，尝试为上述问题提供解决方案。

如前所述，非谓语动词在句中可以充当多种成分。当非谓语动词在句中充当主语、表语、宾语、定语、补语等成分时，位置相对固定，比较容易判断其所充当的具体成分。然而，当非谓语动词在句中充当状语的时候，较难判断其所充当状语的类别。究其原因，一是因为非谓语动词自身形式较多；二是因为状语本身的种类也有很多，如时间状语、伴随状语、结果状语、目的状语等。其实，判断非谓语动词做状语和判断句中其他成分的方法相似，仍需要通过"位置"和"含义"综合判断（见第二章第一节），下面我们将通过一组例句来谈谈非谓语动词做状语的时候在句中的位置及特点。

例 7 *To save money*, they decided to cook meals at home instead of eating out.（to do）

例 8 *Having finished his homework*, the boy went out to play with his friends.（done）

例 9 She walked to the park, *enjoying the warm sunshine on her face*.（doing）

例 10 The team celebrated wildly, *having won the championship game*.（done）

例 11 *To get a better view of the stage*, he stood on his tiptoes.（to do）

例 12 The chef prepared the dish carefully, *paying attention to every detail*.（doing）

例 13 *Exhausted from the long hike*, they set up camp and rested.

（done）

例 14 *To impress her guests*, she spent hours decorating the house.（to do）

例 15 The students listened attentively, *taking notes during the lecture*.（doing）

例 16 *Frustrated by the lack of progress*, the manager called for a meeting to discuss new strategies.（done）

上述例句斜体部分的非谓语动词在句中都是充当各种形式的状语,我们会发现它们有的位于句首,有的位于句中或句尾。它们共有的一个特点就是"非谓语动词之前都没有名词或代词"（位于句中或句尾的非谓语动词之前是"逗号"）。

这个"之前没有名词或代词"的位置特点说明非谓语动词自己没有"主语",应该和句子的主语发生一定的"关系",这种关系就叫作"依着关系",句子的主语又称作非谓语动词的"逻辑主语"。至于为什么叫"逻辑主语",我们依旧可以从名称的角度来进行释读：大致是因为这些动词都不符合"在'主谓'结构中,谓语是'谓语形式'的动词"这个规则,不符合句法结构,不是结构意义上的主语,而是逻辑意义上的主语。

为了正确使用非谓语动词,避免非谓语动词在句中出现"无依着状态",我们需要遵循以下两个原则：

第一,非谓语动词和逻辑主语的"依着关系"在语义上要符合逻辑。

第二,非谓语动词和逻辑主语的"依着关系"在形式上要保持对应。

上述两条归结成一点就是要选择非谓语动词的相应形式（时态和语态）。如果和逻辑主语的"依着关系"是主动的,就要用非谓语动词相应的主动语态；如果和逻辑主语的"依着关系"是被动的,就要用非谓语动词相应的被动语态。例如：

Watching TV, _____.

A. the doorbell rang　　　B. we heard the doorbell ring

答案：B

在这一题中,非谓语动词 watching 使用的是主动的形式,它和后面句子的主语应该是主动关系。通过上述第一个原则,我们便可以排除选项 A。因为它违背了正常逻辑,"doorbell"（门铃）是不可能发出一个动作"看电视"的。而选项 B 的主语是"we"(我们),"我们看电视"是符合正常逻辑的表达,因此选择 B。选项 B 在形式和语义上都符合上述"依着关系"。

第五节　独立结构中非谓语动词的"独立关系"

独立结构(absolute structure)又译为"独立主格",在本书中采用"独立结构"的译法。对于中国英语学习者而言,独立结构的难点在于如何区分"含有非谓语动词的"独立结构和非谓语动词。本节将从独立结构的汉译名入手,释读独立结构的用法,并提出注意事项。在这之前,我们需要思考以下几个问题:"absolute structure"为什么译为独立结构? 独立结构一般在句中充当什么成分?

一、"absolute structure"为什么译为独立结构?

例 17 *Attracted by the beauty of nature*, the girl from London decided to spend another two days on the farm.(非谓语动词做状语)

例 18 *Everything considered*, the boy is the best one for the position.(独立结构做状语)

上述两个例句中,斜体部分分别含有非谓语动词(过去分词)"attracted"和"considered",不同点在于:例 17 中的"attracted"之前没有名词或代词,而例 18 中的"considered"之前有代词"everything"。两个句子中的非谓语动词和后面句子主语的关系分别是"依着关系"和"独立关系"。

具体而言,例 17 中的非谓语动词"attracted"之前没有名词或代词,那么"attracted"就不带有"主语",为了避免出现"无依着状态",它就要和后面句子的主语发生一定的逻辑关系,也即它的"逻辑主语",这种关系就是上一节所提到的"依着关系"。

相反,例 18 中的非谓语动词"considered"之前有不定代词"everything",那么"considered"就带有自己的"主语"。"considered"在句中就和"everything"发生"依着关系";从语义上看,"everything"就是它的"逻辑主语"。这时,"considered"不再"依着"于后面句子的主语"the boy",它和"the boy"之间的关系不再是

"依着关系",而是"独立关系"。上述判断方法如图 8.1 所示。

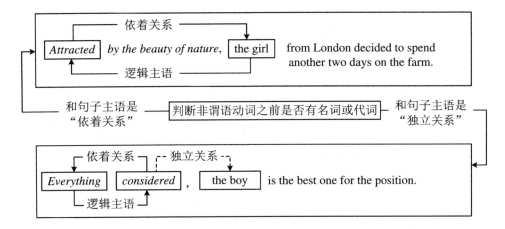

图 8.1 "依着关系""独立关系"图解

我们来看下面的句子：

例 19 *His proposal rejected*，the scientist decided to pursue a different line of research.

例 20 *The game having ended in a tie*，both teams agreed to a rematch next week.

例 21 *The cake to bake*，the chef carefully measured out all the ingredients before starting.

例 22 *The students doing a group project*，the teacher walked around the classroom offering guidance.

上述句子斜体部分的非谓语动词之前都有名词，是它们的"逻辑主语"，它们和这些主语之间的关系是"依着关系"。相反，它们和后面句子的主语都是"独立关系"。这也许是独立结构"独立"的原因所在，同样这也是非谓语动词做状语和含有非谓语动词的独立结构的重要区别。为了方便记忆，我们将它们之间的区别用表格的形式呈现出来（表 8.2）。

表 8.2 "依着关系""独立关系"的区别

结 构 名 称	句中充当成分	逻 辑 主 语	和句子主句的关系
非谓语动词做状语	状语	句子的主语	依着关系
含有非谓语动词的独立结构	状语/并列句	非谓语动词之前的名词或代词	独立关系

谈到这里，大家也许会有这样的疑问：为什么无论是在非谓语动词做状语的结构中还是独立结构中的非谓语动词，它们的主语都只能称作"逻辑主语"而不能称作"主语"？这个问题还是要回归到非谓语动词本身。本章第二节提到过，非谓语动词即"不能在句子中做谓语的动词"。这样一来，它和主语之间构成的并不是"结构意义"上的主谓关系，仅在"逻辑意义"上具有一定的主谓关系，故它的主语称作"逻辑主语"。

二、独立结构在句中一般充当什么成分？

上面仅向大家展示了含有非谓语动词的独立结构，即含有"to do""doing""done"形式的独立结构。一般而言，独立结构通常有五种构成形式，具体如下：

1. 逻辑主语 + 分词

Weather permitting, we will go swimming.

Everything considered, he is the best man for the job.

2. 逻辑主语 + (being) + 形容词

Floor（being）wet, the students stayed out.

3. 逻辑主语 + (being) + 副词

Meeting（being）over, the workers went back home.

4. 逻辑主语 + 介词短语

The teacher rested against the blackboard, *book in one hand and chalk in another*.

5. 逻辑主语 + 不定式

The project to complete, the team worked tirelessly through the weekend.

在上述句子中，独立结构均是做各种类型的状语。具体而言，1中的句子做条件状语，2和5中的句子做原因状语，3中的句子做时间状语，4中的句子做伴随状语。对于上述独立结构及例句，有以下几个方面需要特别说明：

第一，上述所有独立结构之前都可以加上介词"with"或"without"（否定含义）。但如果加上"with"或"without"，那么可数名词单数或不可数名词之前一般要加上相应的"限定词"或者"单位词"。比如在第四种类型的例句中，"book""chalk"之前要加上相应的限定词和单位词，例如：

The teacher rested against the blackboard,（*with a*）*book in one hand*

and (*a piece of*) chalk in another.

第二,第二种和第三种由形容词和副词构成的独立结构,在形容词和副词之前可以加上"being"。

第三,独立结构中的不定式"to do",一般只用不定式的原形,没有其他形式和被动语态。即便主语和不定式之间是被动关系,依旧使用"to do"的形式,例如:

例 23 This is the first volume, the second one *to publish* next month.

例 24 The mountain *to climb*, the determined hiker set out at dawn with a fully loaded backpack.

例 25 The novel *to write*, the aspiring author secluded herself in a remote cabin for a month.

例 26 The cake *to bake*, the chef carefully measured out all the ingredients before starting.

例 27 The puzzle *to solve*, the detective pored over the clues late into the night.

第四,独立结构的逻辑主语一般不用人称代词。在独立结构中,逻辑主语通常是名词短语或动名词(充当名词的动词),而不是人称代词。一是因为独立结构通常做状语修饰整个主句,提供有关主句中描述的动作所处的环境或条件的附加信息;二是因为独立结构在语法上与句子的主语没有直接联系,它有自己的逻辑主语,而且其主语与主句的主语"所指"不同。所以,如果在独立结构中使用人称代词作为逻辑主语,在没有上下文或具体语境的情况下,就会造成关于其指代对象以及独立结构与主句之间关系的混淆。

例如,"*It finished*, he went home."这个句子中使用了"it"就会造成指代不明确的问题。从语法上看,这个句子是正确的,但从语义上看,会出现语义模糊的现象,不是一个恰当的句子。相比之下,使用具体的名词来充当独立结构的逻辑主语,语义才会明确,如"The task finished, he went home."(译文:任务完成后,他回家了)。在这里,"the task"是独立结构的逻辑主语,它提供了有关"he went home"时的情况附加信息。

第六节　使用独立结构时应当注意的问题

独立结构的难点具体如下:第一,它形式多变,基本形式有五种;第二,它容易和非谓语动词做状语混淆;第三,它常常有各种"省略"或"简化"的形式。下面我们将对这些问题进行详细的说明。

首先,我们在使用含有非谓语动词的独立结构时,要注意其中非谓语动词形式的选择。为了便于大家记忆和学习,我们对其形式的选择罗列在表 8.3 中。

表 8.3　独立结构中非谓语动词形式的选择

和逻辑主语的关系	选 用 形 式	备　　注
主动关系	doing/having done	若不明确强调时间,两种形式可以互换
被动关系	done/having been done	若不明确强调时间,两种形式可以互换
即将发生的动作	to do	仅有"to do"原形,无其他形式

如表 8.3 所示,我们在使用含有非谓语动词的独立结构时,首先,要判断非谓语动词和它之前的名词或代词(逻辑主语)的关系:如果是主动关系,就用"doing"或者"having done";如果是被动关系,就用"done"或者"having been done";如果是即将发生的动作,就用"to do"。

其次,独立结构一般情况下用于较为正式的文体或文学体裁中,起到表述简洁的作用。换言之,这种情况下的独立结构的表达都是极为精炼的。如上文所述的"with""being""having been""having"这些原本都可以加在独立结构中的词,在正式文体中使用独立结构时,一般都会被省略。这也是独立结构的难点所在。其实,我们在刚刚学习英语的时候,就接触过独立结构,例如,"The teacher came into the classroom with a book in his hand."这个句子就用到了独立结构"with a book in his hand",其简化版本是"Book in hand, the teacher came into the classroom."。对于大多数中国英语学习者而言,更熟悉的是前者,而不是后者。两者相比,后者虽更简洁,但却更为陌生,鲜少为中国英语学习者使用。

再次,独立结构本身是一种结构,它和句子相连不能用连词,只能用逗号。

由于独立结构本身的结构特点,它所含有的"动词形式"都是非谓语的形式,因此无法构成一个句子,所以和别的句子相连仅能使用逗号,不能用连词或者分号。需要特别指出的是,独立结构中有三种形式,即"逻辑主语＋形容词/副词/介词短语",它们本身就属于无动词分句的一种类型。无动词分句,顾名思义,就是没有动词的句子,在第十章中会作专门阐述,在此不再赘述。

最后,"it being"和"there being"的区分也是独立结构使用中应当注意的问题。简而言之,"it being"中的"it"通常指代"天气""时间""金钱""距离"以及上文中已经有明确指代对象的事物;"there being"是"there be"结构的独立结构(无动词分句),在第十章中会作专门阐述,在此也不再赘述。

第九章 虚拟语气

第一节 语气汉译名背后的故事

在《英文汉诂》中，严复将"mood"一词译为"情"，专门讲解语气的那一章节名为"论情"。对于英文"mood"（现译名为语气）一词，他是这样描述的："言谓之因情而异者，所以著言者之语气，见其言事实不同也。"在严复看来，英语中的动词因说话人的情感状态不同，会有不同的表达方式，从而衍生出不同的语气，即"the mode in which an action is viewed or stated"。严复又解释道："云谓字之情变有三：实指语气（indicative mood）、虚拟语气（subjunctive mood）、祈使语气（imperative mood）。"

从上述严复对"mood"一词的译介来看，我们可以得知，严复在翻译"mood"一词时，采取了两种策略。在指语气时，他选用了"情"；而将语气划分

为具体类别的时候,他选用了"语气"。至于前者用"情",后者用"语气"的原因,大概有两个方面:

一方面,和他本人的行文风格有一定的关系。严复深受桐城派影响,崇尚先秦文体,行文风格驯雅。根据上文中严复对英语一般现在时用法的介绍,我们可以对严复撰写《英文汉沽》的文风有所了解。

另一方面,英语及其教育作为洋务时期求学西方的主要工具和西学东渐的重要活动之一,当时不少保守派还是对其持否定态度的。在上层社会的文人士大夫中更是如此,他们运用的文体才是当时的主流。《英文汉诂》作为当时第一本系统介绍英语语法的书籍,要想入文人士大夫的眼,就要符合文人士大夫的行文风格和阅读主流,所以得在译名方面下一番功夫。也许是基于这些原因,严复将"语气"的章节名称译为"论情"。对现在的读者而言,"论情"这样的标题,更像是一本诗歌集或散文集中的章节名,而不是语法书中的章节名。由此我们可以看出严复深厚的国学功底以及他在"会通英汉"之间的良苦用心。

严复对实指语气(现译名为陈述语气)和虚拟语气的汉译名都给出了详细的解释。他指出:"实指之情(indicative mood),盖其字之形法乃直指事实,或问或答,言下无疑,皆此类也。虚拟之情(subjunctive mood),所言在或然或否之间(possibility),抑有可疑,抑其事为有待(dependency),皆此类也。"这段解释采用古汉语的行文,文字优美,用词简洁,对仗工整。严复采用这种方式给英语语法披上了"古汉语的外衣",在当时的文人士大夫及学子间广为传播。即便对当代的读者来说,通过这段文字的介绍,也基本可以了解陈述语气和虚拟语气的内涵及汉译名的内涵、要义。

除此之外,作为中国近代思想的启蒙者之一,严复还从哲学的角度对比了陈述语气和虚拟语气的区别。他认为:"虚拟之情,所以云虚拟者,以其事徒存思想之中(which is only thought of),而言者非径以为事实(as a matter of fact)。盖事实与思想,两者固不相待,……故哲学家谓事实之类,为 objective phenomena,在物之事(客观);谓思想之类,为 subjective phenomena,在心之事(主观),实指之情,言及客观者也(objective),虚拟之情,言及主观者也(subjective)。"

虽然严复采用的是古汉语的行文方式,但对于今天的读者来说,这段文字还是比较易于理解和接受的。从译名解释、中西互阐、哲学对比的角度对二者进行译介,让读者不仅能够深入领会英语语气的内涵和意义,同时也能感受中国语言文字之美以及语言之外的哲学思想、认知方式。严复在继承中国传统会通思想的同时,也在积极拓展会通思想的外延,使用会通思想进行中西互阐、英汉互释。这些做法与当今外语课程思政所强调的在外语教育中融入中华传统文化、增强文化自信等内容高度吻合,对当今外语类的课程思政建设有着重要的启示意义。

第二节 虚拟语气为什么难以掌握?

对于大多数英语学习者而言,虚拟语气是英语三种语气中最难掌握的一种。它难的原因是什么呢?作者认为,还是应该从英汉语言差异的角度去看待这个问题。与时态相同,英汉语气的表达难点在于动词形式的变化,正如严复所言:"云谓字之情变有三:实指语气(indicative mood)、虚拟语气(subjunctive mood)、祈使语气(imperative mood)。"归根结底,英语动词形式的变化造成了语气的变化。同样,我们以"eat"一词举例:

例 1　I wish she *ate* an orange.

例 2　I suggest she (*should*) *eat* an orange.

例 3　It is high time that she *ate* an orange.

例 4　I would rather that she *ate* an orange.

例 5　It is imperative that she (*should*) *eat* an orange.

例 6　If only she *had eaten* an orange.

例 7　If she had had teeth, she *would have eaten* an orange.

在上述七个例句中,虽然表达了不同的语义,但其中的动词"eat"使用的都是虚拟语气(虚拟式)。动词本身有两种形式的变化(现在时和过去时),动词和相应的操作词构成了另外四种虚拟式:过去式、过去完成时、过去将来时、过去将来完成时。下面我们再看看汉语的表达:

我希望她可以吃一个橘子。

我建议她吃个橘子。

现在该是她吃橘子的时候了。

我宁愿她吃个橘子。

她应该吃个橘子。

她要是吃了个橘子就好了。

如果那时候她长牙了,她那时候一定会吃橘子。

和英语不同,汉语中通常使用语气词、副词、关联词、虚拟标记词或某些特定的句法结构来表示主观愿望、假设、命令、要求等。上述七个汉语句子中"吃"的形式都没有变。

通过上述对比,我们可以大致了解英汉两种语言中虚拟表达的不同之处。对于中国英语学习者而言,正是这些不同给我们学习英语虚拟语气带来了困难。这些困难主要表现在以下几个方面:

第一,英语动词的虚拟式形式繁多。在英语的虚拟语气中,不仅主动词本身的形式会发生变化,就连其操作词的形式也会发生变化,这就给学习者的记忆和运用造成了困扰。

第二,虚拟的情况不同,动词的虚拟式不同。在上文中,我们曾提到,在英语中,不同的时间要采用不同的时态,不同的时态又由不同的动词形式表示。在英语的虚拟语气中也是如此,所虚拟的对象、时间、标记词等不同,都要采用动词不同的虚拟式。它们之间基本是一一对应的关系。如果不符合这种对应关系,就会造成错误。

第三,虚拟语气的判断。在英语中有时候虚拟语气并不是直接可以判断出来的。在例1至例7中会有一些比较明显的标记词,如"imperative""wish""would rather""if"等,这一类属于比较容易判断的虚拟语气。但是英语中另外一些含蓄的虚拟语气就难以判断了,比如"but""without""otherwise"等,以及其他一些需要通过上下文综合判断的类别。这都会给中国英语学习者造成困扰。下面我们将以动词"work"为例,通过图解的方式将上述虚拟语气的难点展现出来。

图9.1以更加直观的方式向我们展现了英语虚拟语气学习的难点所在。如前所述,无论是动词的虚拟式数量多,还是种类多,抑或虚拟语气的判断难,这些难点都围绕一个核心问题,即"动词形式"的变化。这就告诉我们,在不同的情况下,要选择相应的虚拟式来进行虚拟。在面对数量繁多、种类复杂的动词虚拟式时,我们可以将其按照"虚拟式"的方法归类,将虚拟式相同的虚拟语气进行归类记忆。这样一来往往会事半功倍,提高学习效率和使用虚拟语气的准确率。在下文中,我们将采用这样的方法为读者搭建起虚拟语气的知识框架,便于大家了解和掌握虚拟语气。

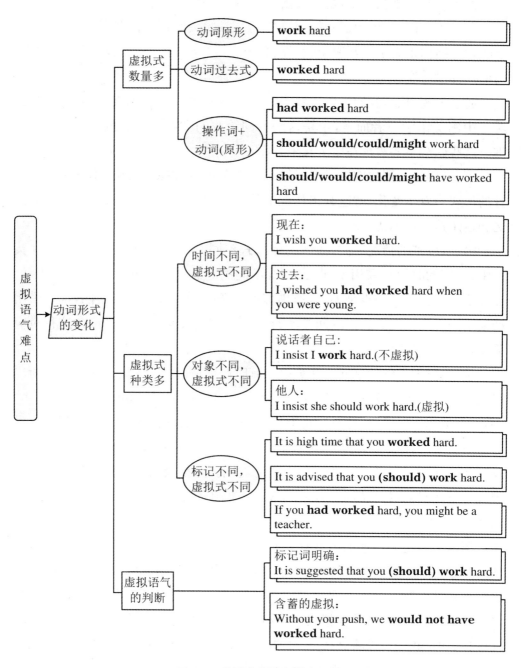

图 9.1　英语虚拟语气难点图解

第三节　if 引导的虚拟条件句的三种变式

if 引导的条件状语从句分为两种,一种是真实的条件状语从句,另一种是非真实的条件状语从句,即我们现在讨论的虚拟语气。if 引导的虚拟条件句,有三种变式。为了方便介绍,在本书中,我们将这三种分别称为"if 的三个公式""错综复杂的 if 虚拟条件句""省略 if 的虚拟条件句"。下面我们将分类介绍。

一、if 的三个公式

之所以称其为"三个公式",是因为在表 9.2 的情况下,if 条件句和主句"共同"构成了一个对现在、过去或将来的虚拟。之所以强调"共同",就是要提醒大家注意,从句和主句的谓语动词必须按照表中相应时间段的虚拟式进行虚拟。

表 9.2　if 的三个公式从句和主句中谓语动词虚拟式一览表

时间	if 从句谓语动词的虚拟式	主句谓语动词的虚拟式
现在	did（were）	would/should/could/might + do
过去	had done（been）	would/should/could/might + have done
将来	were to do/did（were）/should + do	would/should/could/might + do

例 8　If I *were* you, I *would take* that job offer.

例 9　If he *had studied* harder, he *would have passed* the exam.

例 10　If we *lived* closer, we *could see* each other more often.

例 11　If they *had known* about the meeting, they *would have attended*.

例 12　If I *had* enough money, I *would buy* a new car.

例 13　If she *were* here, she *would help* us.

例 14　If it *rained* tomorrow, the picnic *would be canceled*.

例 15　If you *had called* me, I *would have come* to help.

例 16　If I *were* rich, I *would travel* the world.

例 17　If he *had left* earlier, he *would have caught* the bus.

二、错综复杂的 if 虚拟条件句

和上述"if 的三个公式"不同,错综复杂的 if 虚拟条件句,其从句和主句"分别"对不同的时间段进行虚拟。在这里,从句和主句就不再"共同"地对某一个时间段进行虚拟了。比如,从句有可能对"过去"进行虚拟,而主句有可能对"现在"进行虚拟。各位读者请注意,这儿强调"分别",就要求我们按照从句和主句分别虚拟的时间段,"分别"从表 9.2 中选择相应的谓语动词的"虚拟式"。比如,从句对过去进行虚拟,从句中的谓语动词就要用"had done（been）"类型的虚拟式;主句对现在进行虚拟,主句中的谓语动词就要用"would/should/could/might + do"的虚拟式。

例 18　If Erjiu *had received* a different treatment in the childhood, he *might live* a better life now.

例 19　If it *had not been* Shen Dong's timely catch, the baby girl falling from a building in Tongxiang city *would be* in danger now.

三、省略 if 的虚拟条件句

我们可以发现,在表 9.2 中,无论是"if 的三个公式"还是"错综复杂的 if 虚拟条件句",主句中谓语动词的虚拟式都比较简单,只有两种,即"would/should/could/might + do"或"would/should/could/might + have done"。这可以作为这两种类型的"if 虚拟条件句"的一个共同点。除此之外,现在讨论的"省略 if 的虚拟条件句"是它们的另外一个共同点。一旦将虚拟条件状语从句的引导词"if"省略,就需要将原句中的操作词"had/should/were"放到虚拟条件句的句首。例如,我们将例 18 和例 19 中的"if"省略,我们就会得到下面的句子:

例 20　*Had* Erjiu *received* a different treatment in the childhood, he *might live* a better life now.

例 21　*Had* it *not been* Shen Dong's timely catch, the baby girl falling from a building in Tongxiang city *would be* in danger now.

对于大多数中国英语学习者而言,在上述 if 虚拟条件句的三种变式中,前两种比较容易,只要记住了规则就可以掌握和运用。但是对于第三种,多数英语学习者会感觉有点困难。难点就在于"识别"它是 if 的虚拟条件句。因为一旦将操作词"had/should/were"提前,就容易让初学者误判这是疑问句。为了便于各位读者学习和掌握 if 虚拟条件句的三种变式,我们会将上述特点和相互关系以图解的方式展现出来。这样一来,大家会对它们有一个更为直观的了解,如图 9.2 所示。

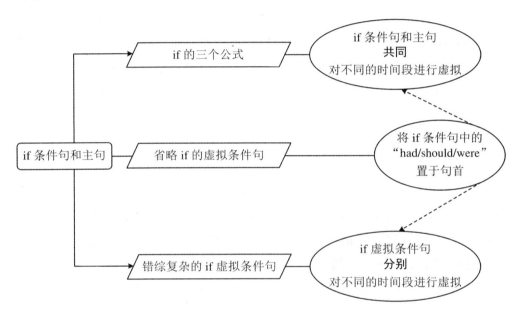

图 9.2　if 虚拟条件句三种变式关系图解

对于中国英语学习者而言,虽然第三种类型的变式"省略 if 的虚拟条件句"比较难以识别,但如果我们尽可能多地在写作中使用它,不仅可以提高我们句法的多样性和复杂性,同时也能让我们对其有更深的认知。如果将上述例 18 至例 21 四个句子进行对比,我们可以发现,前者是按照句法循规蹈矩地写作,后者则运用了"省略"的手段。试想一下,如果在一篇作文的同一个段落里,我们已经使用了一次 if 的虚拟条件句,那么当我们再想使用这种虚拟条件句的时候,我们是否可以将 if 省略,使用省略 if 的虚拟条件句呢?毕竟学习语言规则的目的就是更好地运用语言。这样一来我们句法的多样性得到了丰富,句法的复杂性得到了提高,写作水平也自然而然地展示了出来。

第四节　形式相同的虚拟式

在上文中我们曾提到,英语动词虚拟式的数量和类型繁多是造成虚拟语气难学的主要原因之一。市面上大多数语法著作或教材在介绍虚拟语气时,都是按照不同的虚拟标记词对其进行分类介绍的。为了避免重复,本书不再对这些虚拟标记词进行详细介绍,而是将重点放在对虚拟式相同的主要标记词进行整理和归类,简化虚拟类别,旨在搭建虚拟语气的主要知识框架,便于读者学习和记忆。虚拟式相同的主要标记词分为两类:一类是"命令请求类",另一类是"wish(that)类"。

一、命令请求类

英语中有一些词,如 decide、suggest、advise、decree、demand、insist、move、order、prefer、propose、recommend、request、require、vote 等,当这些词在表示"命令、决定、建议、要求、请求"等含义的时候,其后的从句应该用虚拟语气。为方便起见,我们在归类记忆这些词的时候,不要拘泥于这些词是什么形式,只要记住它们在表达这些含义的时候,其后从句的谓语动词都应该使用"(should) + 动词原形"的虚拟式。请看下面的例句:

例22　We advise that he (*should*) *give up* smoking.

例23　It is advised that he (*should*) *give up* smoking.

例24　There is a piece of advice that he (*should*) *give up* smoking.

例25　It is advisable that he (*should*) *give up* smoking.

如例22至例25所示,以"advise"一词为例,它的不同形式后面可以接不同的从句,但只要是表示"建议"含义的时候,后面从句中的谓语动词就应该用"(should) + 动词原形"。由此,我们可以继续延伸,再对另一类词进行归类记忆。英语中有一些形容词,如 advisable、appropriate、desirable、essential、fitting、imperative、important、urgent、proper、impossible、necessary、obligatory,在这些词之后的分句中也是使用"(should) + 动词原形"的虚拟式,例如:

例 26　It is important that he (*should*) *give up* smoking.
例 27　It is imperative that he (*should*) *give up* smoking.
例 28　It is urgent that he (*should*) *give up* smoking.
例 29　It is obligatory that he (*should*) *give up* smoking.

从例 26 至例 29 可以看出，它们和例 22 至例 25 的句法是一样的，为了便于记忆，我们也可以将其划归到"命令请求类"。上面这两类词的数量很多，我们该如何记忆呢？这就涉及学习方法的问题了。对于语言规则的学习和记忆来说，在实践和运用中理解和掌握规则是公认的好方法。作者建议各位读者可以将这类规则运用到自己的写作中去。为了让读者更直观地了解这个知识点及其写作运用，我们下面将通过图解的方法将其展现给大家(图 9.3)。

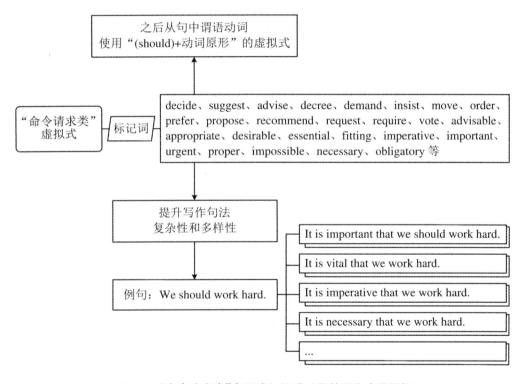

图 9.3　"命令请求类"虚拟式知识谱系及其写作应用图解

从图 9.3 中可以看出，虽然这类词大多表示"命令请求类"等含义，但当它们构成的虚拟语气运用在语篇中时，多数都可以表示"应该……，最好……"等语义。因此，我们可以将其运用到写作之中来替换我们经常使用的"sb. should/must do sth."或"sb. had better do sth."等句型(如图 9.3 中的例子所示)。

这样做有两个方面的好处：一方面，通过替换词的使用，我们可以进一步加深对这一类虚拟语气的了解，提升对它们的记忆效果。试想一下，如果我们在写作中都能够自如地运用这类虚拟语气了，那么我们在阅读中识别它们就基本没有问题了。另一方面，在写作中运用这些虚拟语气将有助于提升我们句法的多样性和复杂性。如图 9.3 所示，通过使用相关替换词的虚拟语气，我们将原来的简单句"We should work hard."变成了一个复合句。这样一来，我们写作的词汇使用和语义表达也随之丰富起来。

二、wish（that）类

这类词常用的有 wish（that）、if only、would rather（that）、as if、as though 等。之所以称为"wish（that）类"，是因为这类虚拟标记词虽然表达的语义不同，但其后从句中所用的虚拟式是相同的。具体言之，对现在时间虚拟，它们之后从句中的谓语动词的虚拟式采用"一般过去时"；对过去时间虚拟，它们之后从句中的谓语动词的虚拟式采用"过去完成时"。

例 30　I wish I *were* six years younger.

例 31　I wish I *hadn't eaten* so many apples last night.

例 32　He speaks as if he *were* in the meeting room.

例 33　They talked as if they *had been* friends for years.

例 34　If only I *knew* her address.

例 35　If only the alarm clock *had rung* when I was in the hotel that morning.

例 36　I'm sure he is keeping something back. I'd rather he *told* me the truth.

例 37　He didn't attend the meeting. I would prefer he *had been* present.

如例 30 至例 37 所示，这类词后面的从句对现在时间虚拟时，谓语动词虚拟式使用的是一般过去时；对过去时间虚拟时，使用的是过去完成时。那么有读者会问，这类词对将来虚拟采用什么形式呢？需要指出的是，它们在"现在"和"过去"的时间上，虚拟式具有相同点；但是它们在"将来"时间，虚拟式各不相同。这个不同之处，也是我们需要注意的地方：

第一，*wish*（*that*）/*if only* 对将来虚拟用 *would*/*could*/*might* 加动词原形，但不能用 *should*。

第二，*as if*/*though* 一般用在宾语从句或表语从句中，且一般不对将来的时间进行虚拟。

第三，*would rather*（*that*）对现在和将来虚拟的虚拟式相同，都用一般过去时。下面我们将以图示(图 9.4)的方式,将"wish (that)类"虚拟语气展示给大家,便于记忆。

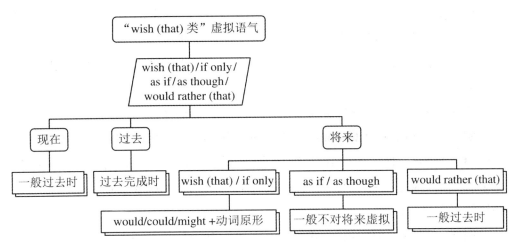

图 9.4 "wish (that)类"虚拟语气知识点图解

第五节 难以捉摸的"四姐妹"：lest、in case、for fear (that)、it is time that

前文我们曾经多次提到,语言的规则大多是相对的,在学习过程中我们会发现很多"约定俗成"的规则。此外,语言中还有很多规则并不是非此即彼的,而是具有不确定性。在虚拟语气的学习中,我们谈论的难以捉摸的"四姐妹"就属于这种类型的规则。这"四姐妹"分别是 lest、in case、for fear (that)、it is time that。国内有很多语法书将它们划分为"be 类型的虚拟"或"were 类型的虚拟"。很显然,这样的划分是出于知识分类的考虑,让其归属于虚拟语气某类的规则之一,是值得肯定的。由于这四个词(句型)后面的虚拟式很多时候是不确定的、多样的,因此这样的划分也缺乏一定的科学性。

鉴于这四个词(句型)后面虚拟式的不确定性和多样性,本书结合它们的语义和相关的虚拟式特点,将它们当作一类特殊的虚拟语气单独列出。

第一个词"lest"(唯恐)后面的从句中的虚拟式多用"(should)+动词原形"构成。例如:

例 38　He hurried on, lest she *should meet* him again.

例 39　I will be kind to her lest she *decide* to leave me.

仅从虚拟式而言,该词和"命令请求类"属于一类,但从语义而言,又不归属于一类,因此我们将它单独列出。

第二个词是"in case"(以防),它后面从句的虚拟式可以由两种类型构成,"(should)+动词原形"或者"一般过去时",例如:

例 40　Here is a shilling in case you *should need* it.

例 41　Ted ought to come down, just in case anything *happened*.

第三个词是"for fear (that)"(唯恐,怕的是,以防)。也许是该词多用于英语中的成语,因此后面的虚拟式有多种形式,如"should/would/might/may+动词原形"。例如:

例 42　He's working hard for fear that she *should fall*.

例 43　She worried for fear that the child *would be hurt*.

例 44　We all seemed afraid to say what was in our minds, for fear it *might start* trouble.

例 45　Margot did not dare to touch me for fear they *might hear* us.

例 46　Shut the window for fear (that) it *may rain*.

第四个是一个句型,"it is time that"。该句型在"time"之前有时候还有一些定语,如"high""very"等。不少语法书在介绍这个句型的虚拟语气时,认为它的虚拟式可以由"should+动词原形"或"一般过去时"构成。其实不然,根据作者对相关语料库的调研,一般情况下,该句型的虚拟式大多由"一般过去时"构成,其"should+动词原形"的虚拟式是非正式的用法。

例 47　Lisa has been working hard. It's time she *got* a promotion.

例 48　It is high time that they took measures to *stop* the pollution.

第六节 含蓄的虚拟条件句

含蓄的虚拟条件句,顾名思义,即虚拟标记词不明显,不太容易引起学习者关注,甚至有时没有给予标记词,仅仅通过上下文及说话者表达出一种主观的语气。对于重"形合"的英语来说,这是一种比较少见的语言现象。这类"不太明显的信号词或标记词"大致可以分为两类。

一类是介词或介词短语,如 but、but for、but that、without、except for、in case of、under more favorable condition、with 等。

另一类是连词,如 otherwise、or、so that、unless、supposing、provided that、provided、on condition that、unfortunately 等。

对于这一类含蓄虚拟条件句的学习和使用,我们需要注意两个关键点:第一,要能够熟读这类"不太明显"的信号词,见到这类词之后,要知道这后面的从句一般情况下要用虚拟语气。第二,虚拟时间的判断和虚拟式的选择。在这里我们着重讲解第二点,虚拟时间的判断和虚拟式的选择。这也是含蓄的虚拟条件句的难点所在。

虚拟时间和虚拟式这两个方面相辅相成,共成一体。虚拟时间决定虚拟式,虚拟式反过来又体现虚拟时间。

首先,对于虚拟时间而言,我们需要通过上下文、时间状语来确定说话者具体想对哪个时间段进行虚拟。

其次,在确定了虚拟的时间之后,就要选择相应的虚拟式:

对现在或将来虚拟,虚拟式就用"would/should/could/might + 动词原形";对过去虚拟,虚拟式就用"would/should/could/might + 现在完成时"。例如:

例 49 Without the Communist Party of China, there *would be* no new China and no national rejuvenation.

例 50 But for your timely advice, I *would* never *have known* how to go about the work.

例 51 I was too busy yesterday. Otherwise I *would have been* here to see you.

为了便于大家对其有直观的了解,我们也将这个知识点用图示(图9.5)展现出来。

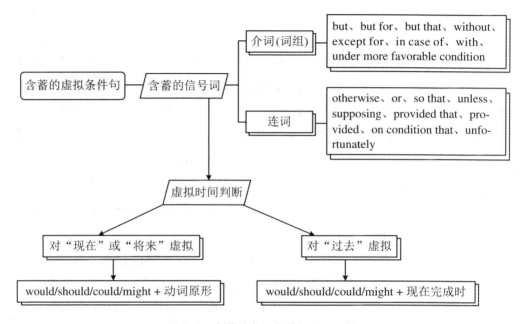

图9.5 含蓄的虚拟条件句知识图解

在上文中,我们介绍了英语虚拟语气的主要类别和划分方法。本书主要以"虚拟式"为中心对英语主要的虚拟语气进行归类和划分。为了方便各位读者以"虚拟式"为中心了解和掌握虚拟语气,我们将上述所有类别以"英语主要虚拟语气图解"呈现出来,如图9.6所示。

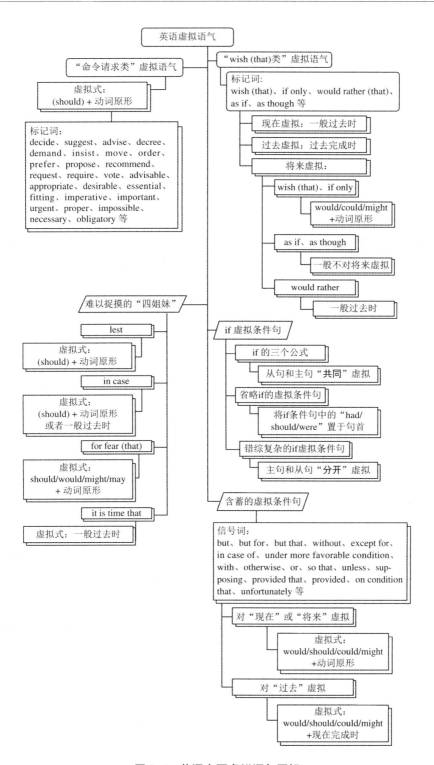

图 9.6 英语主要虚拟语气图解

第十章　教学语法中的常见高阶知识点

在中国的教育体系中，英语语法的基本框架构建任务在中学阶段基本已经完成。进入高等教育阶段后，通过大学英语的教学，学习者各方面的语法知识会不断地拓展和深化。然而，遗憾的是，大多数中国英语学习者在语法的实际运用中仍存在一定的问题，主要表现在阅读和写作两个方面。

就阅读方面而言，面对文体正式、结构复杂的句式时，学习者往往不能够准确地进行句法识别。有时候即便能够读懂句子的意思，但无法从语法角度对某些语言现象进行解释。就写作方面而言，大多数学生的写作水平仍停留在中学阶段：词法上，使用低级词汇的倾向明显，仍以"含义宽泛"的词为主，很少使用"具体(specific)含义"的词；句法上，句式单一，以简单句为主，句法复杂程度较低。这两个方面的问题通常是相互关联、相伴而生的。具体而言，当学生在阅读中遇到较为"复杂"或"高级"的句式时，常因对相关语法规则不熟悉，无法准确释读，更不用谈对其进行模仿并将其运用到自己的写作之中。

经过作者的筛选，这些语言现象大致涉及"there be 的非谓语形式""there be 引起的形容词性从句""双重谓语""无动词分句""of 的同位关系"等几个方面。综观市面上的语法书,大多是按照"基本语法体系"构建的。对于这些"高阶"但"常见"的语言现象论述较少。本书将尝试对这些语言现象背后的语法规则进行剖析和释读,帮助学习者更好地理解和掌握英语语法的奥秘,提升在阅读和写作中运用复杂句式的能力,提高英语语言应用水平。

第一节 there be 句式的高阶用法

作为在英语学习中较早接触到的句式之一,there be 句式对于中国英语学习者来说并不陌生。一直以来它都是不同阶段句法教学的重点。它的知识点主要围绕其中 be 动词的形式展开,即谓语形式的 there be 句式和非谓语形式的 there be 句式。在中学阶段,教学通常聚焦于谓语形式的 there be 句式,涉及"主谓一致""句中其他动词形式"等知识点。大部分学习者对 there be 句式的认知大多停留在这个阶段。

然而,在中国高等教育各类英语考试中,除了谓语形式的 there be 句式外,还会出现该句式的其他用法,如非谓语形式的 there be 句式和 there be 引导的形容词性从句。这些语言现象常见于大学英语四、六级,英语专业四、八级以及硕士研究生入学等英语考试之中。遗憾的是,除极少数语法书外,中国高校主流英语教材并未对这两类语言现象进行系统介绍,高校英语教学中也鲜少提及这些知识点。因此,当面对上述语言现象时,大多数学习者无法准确识别,更不了解其背后的语法理据,遑论将其运用到自己的英语写作之中。

针对"教"与"学"在这一方面存在的矛盾和脱节,本节将重点介绍非谓语形式的 there be 句式和 there be 引导的形容词性从句这两类 there be 句式的高阶用法。通过系统梳理和剖析这两类语言现象的特点、构成以及理据,帮助广大学习者全面理解 there be 句式的语法奥秘,突破学习瓶颈,在英语阅读和写作中娴熟运用这些高级句型。

一、非谓语形式的 there be 句式

非谓语形式的 there be 句式(图 10.1)主要有两种:there being 和 there to

be。两者的相同点在于都可以在句中充当主语、宾语、介词的补足成分；不同点在于，there being 的形式可以在句中做状语，相当于 there be 句式的独立结构，而 there to be 则不能做状语。对于学习者而言，难点一在于如何在写作中合理运用 there being 句型；难点二在于如何区别 there being 和 there to be。

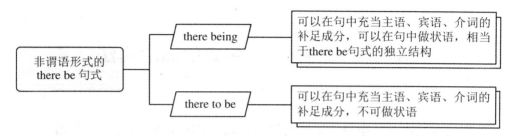

图 10.1　非谓语形式的 there be 句式

（一）学会巧用 there being 的独立结构

在第八章第五节中，我们提到了独立结构在句中一般充当各种各样的状语，而且这种独立结构做状语通常用于正式文体之中，使得表达更加简洁精炼。如前所述，既然 there being 句式也是一种独立结构，通常在句中充当状语，为何我们不能将其运用到自己的写作中，丰富自己的句式表达呢？众所周知，学习语言最重要的在于模仿，要想学好一门外语，最行之有效的方法就是将所见所学的语言现象运用到实际中，这样才能更好地对其加以领悟并运用。

试想一下，为什么我们对一些常见的表达都非常熟悉呢？比如我们想表示原因的时候，很自然地就会使用 because 引导的原因状语从句；表示条件的时候，很自然地就会使用 if 引导的条件状语从句。因为这些句式我们用得太多了，无论在口语中和书面语中都可以信手拈来。相反，对于像 there being 这种仅用于书面语或正式文体中的状语，我们相对比较陌生，很少使用，有的时候甚至还比较"抗拒"。

如果在日常学习中，我们对语言现象的认知目的并不止于"读懂意思"，而是"运用到自己的写作中"，这样我们很快便能熟悉并掌握它，我们写作的句式也会得到丰富。比如本节所提及的 there being 结构，我们就可以将它运用到写作中替换下面一些常见的状语从句：

例 1　***Because*** *there was a power outage*，we had to cancel the meeting. →
There being *a power outage*，we had to cancel the meeting.

例 2 *Since* there were no available tickets, we couldn't attend the concert. → *There being* no available tickets, we couldn't attend the concert.

例 3 *As* there was heavy traffic on the highway, we took an alternate route. → *There being* heavy traffic on the highway, we took an alternate route.

例 4 *Because* there was a shortage of supplies, the project was delayed. → *There being* a shortage of supplies, the project was delayed.

例 5 *Since* there was an unexpected snowstorm, all flights were grounded. → *There being* an unexpected snowstorm, all flights were grounded.

例 6 *As* there were technical difficulties, the live stream was postponed. → *There being* technical difficulties, the live stream was postponed.

例 7 *Because* there was a fire alarm, everyone evacuated the building. → *There being* a fire alarm, everyone evacuated the building.

例 8 *Since* there was a national holiday, all banks were closed. → *There being* a national holiday, all banks were closed.

例 9 *As* there was a misunderstanding about the contract terms, we had to renegotiate. → *There being* a misunderstanding about the contract terms, we had to renegotiate.

例 10 *Because* there was a last-minute change in the schedule, the meeting was rescheduled. → *There being* a last-minute change in the schedule, the meeting was rescheduled.

上述例句的原句中,分别含有"because""as""since"引导的原因状语从句。中国英语学习者对它们较为熟悉,它们也是写作中较常运用的原因状语从句的类型。相比之下,改写后的 there being 类型的独立结构,它们大多仅能够达到"读懂"的层面,在平时的写作中较少运用。如果我们在一些考试的写作中能够熟练运用 there being 的独立结构来替代上述状语从句,在一定程度上会丰富我们的写作表达,使我们的写作增色不少。

除了原因状语从句,其他类型的状语从句也可使用 there being 的独立结构来进行替代,但需要注意以下细节:第一,如前所述,there being 也属于独立结构的一种,因此和其他类型的独立结构一样,通常用于正式文体或文学体裁之中。第二,它虽然可以用来替换不同类型的状语从句,但因为 there being 本身表示"存在""有"的含义,一般仅能和表达这些语义的状语从句进行替换。第三,there being 结构往往更适合表达一种客观存在的情况或状态。如果原句将某人的主动行为作为原因,用这种结构进行表达可能会不太恰当。第四,there being 是一个非限定性结构,不能直接表达时态、语气和"数"的变化。在某些情况下,使用 there being 结构可能会导致原句中的一些细微含义或语气被改变或丢失。因此,对于表达复杂或多层次原因的从句,使用这种结构可能无法充分传达所有的信息。需要指出的是,也许正因为这种"简洁性""模糊性",它才被用于文学体裁之中,给读者更多的"空白"进行填补。文学作品的想象空间也由此而来。

there being 的独立结构代替状语从句时的注意点如图 10.2 所示。

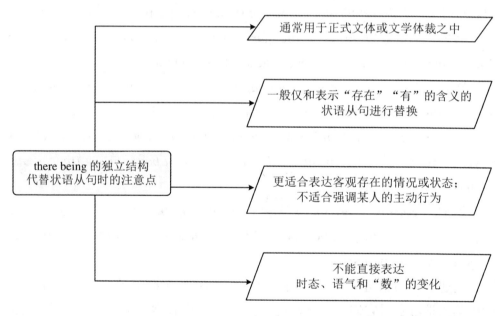

图 10.2　there being 的独立结构代替状语从句时的注意点

（二）为什么介词"for"之后用"there to be",其他介词之后用"there being"?

对于这个问题,中国多数语法书并没有进行详细的阐述。作者通过检索,只有章振邦的《新编英语语法教程》对这一语言现象进行了归纳和梳理。在《新编英语语法教程》中,对于二者的区别是这样描述的:

如果介词是 for,则用 there to be 形式:

The secretary arranged *for there to be another interview.*

They planned *for there to be a family reunion.*

Brian was waiting *for there to be complete silence.*

Jim asked *for there to be give-and-take*（互让）*on both sides.*

如果介词不是 for，则用 there being 形式：

Bill was relying *on there being another opportunity.*

We were annoyed *at there being so much time wasted.*

There is now some hope *of there being a settlement of the dispute.*

He asked *about there being another meeting.*

《新编英语语法教程》对两者的区别进行了梳理，同时指出两者的区别关键在于：介词是否是"for"。如果介词是"for"，则用"there to be"的形式；如果是其他介词，则用"there being"的形式。《新编英语语法教程》的不足之处在于，对于为什么会有这样的区别，并未给出解释。作者认为，既然两者的区别体现在介词"for"上，我们就应该以介词"for"为切入点，寻找二者不同的原因。

一方面，介词"for"通常可以用来表达目的或意图。通读上述"there to be"类型的句子，我们会发现其中介词"for"都用于引出一个表示目的或意图的不定式从句。这个从句说明了主句中动作的目的或预期结果。这些句子中的主句动词"arrange""plan""wait""ask"等表达的是"安排""计划""等待""要求"等含义。这类动词常常与表达目的或意图的"for"从句连用。

另一方面，"there to be"引导的从句表示将来的情况或可能性。在上述例句中，"there to be"引导的从句都在表示一种将来可能出现的情况，如"另一次面试的机会""家庭聚会的契机""完全安静的状态""双方互让的局面"等。这与"there to be"结构常用于表达"将来情况"或"可能性"的特点相吻合。在这些例句中，"there to be"充当介词"for"的宾语，用来说明"for"所引出的目的或意图。所以，这些例句中介词"for"后面都跟了"there to be"的结构。

相反，上述例句中的其他介词，如"on""at""of""about"等，后面接的是"there being"的结构。这说明"there being"可以与多种介词搭配使用。通读上述例句，我们可以发现，它们基本都是用来表达说话者对某种状态或情况的看法、态度或反应，如同意、喜欢、失望、惊讶、反对等。因此，我们可以这样进行总结："there being"引导的从句一般用来描述一种已经存在或正在发生的状况,表达对某种状态或情况的看法、态度或反应。这也进一步证实了"there being"结构在表达状态或存在方面的作用。

二、there be 引起的形容词性从句

在第四章中,我们从名称角度对形容词性从句的生成方式、引导词、用法等进行了详细的介绍。其中介绍的形容词性从句大多是我们常见的、使用较多的类型。除此之外,还有一类 there be 句型也起着形容词性从句的作用,在各类资料中也经常出现。作者对这些语料进行了收集和汇总,其中一部分如下:

例 11　Then she went and had a look at the railway station, and having seen the airfield, with that she had seen all *there was to see in Cloncurry*.

例 12　You see at once the tremendous land problem *which there is in Japan*.

例 13　Just consider that we use hardly one hundred-thousandth of the heat *there is in coal*, and that could be extracted from it!

例 14　Hydrogen is a gas, the lightest-weight gas *there is*.

例 15　Milk is the best food *there is for babies*.

例 16　The book was written in 1940. It was the best reference book *there was then on inorganic chemistry*.

例 17　This is the best book *there has been on nutriology*.

例 18　The sun is snot the only source of energy *there is in the world*.

例 19　You may be interested in some ceremonials *there were in religions*.

例 20　The number of things there are is independent of what kinds of things are counted — a group of nine apples and a group of nine eggs have in common only *that there are nine things in each group*.

例 21　We cannot expect the student to learn all *there is to learn about writing at once*.

例 22　We know nearly everything *there is to know*, and one of the reasons is climate.

例 23　We should have left town with the dog first, along any road *there was to go.*

例24 There was a strong desire in this young man to be successful. George soon learned all ***there was to learn at school***.

例25 When we have told how things behave when they are electrified, and under what circumstances they are electrified, we have told all ***there is to tell***.

例26 The 7:30 is a fast train ***there is to Shanghai***.

上述例句都含有 there be 的分句。大多数中国英语学习者会认为这些句子在语法上不正确,因为它们违背了英语句法的构式。然而,这类句子的确经常为英语国家的人所使用。下面我们将从含义、结构、成因三个方面(图10.3)对这一类形容词性从句进行分析。

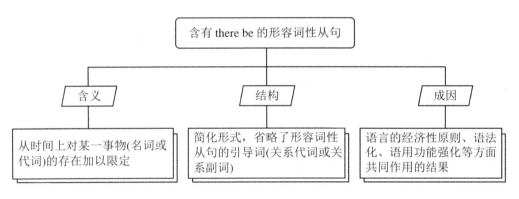

图 10.3 含有 there be 的形容词性从句

首先,从含义角度而言,这些 there be 引起的形容词性从句通常是从时间上对某一事物(名词或代词)的存在加以限定,而不是像其他类型的形容词性从句那样,对名词或代词的形状、大小、颜色、属性等进行限定(本书所提及的 there be 引起的形容词性从句加了引号,为了简化表达和区别于其他 there be 的知识点,我们在下文中统一称其为 there be 引起的形容词性从句)。

其次,从结构方面而言,there be 引起的形容词性从句实质上是一种简化形式,其特点是省略了形容词性从句的引导词(关系代词或关系副词)。这一点我们从例12和例20便能看出,它们还保留了原来的关系代词"which"和"that"。这种结构通常用于表达存在、可得性或强调某种状态,同时起到修饰先行词的作用。从上述例句可以看出,这类形容词性从句从构成上可以分为两种,保留引导词的和不保留引导词的。

最后，从成因方面而言，这类形容词性从句的出现和使用有可能是语言的经济性原则、语法化、语用功能强化等方面共同作用的结果。下面我们将尝试从语言的经济性原则、语法化、语用功能、口语与书面语融合、认知语言学、社会语言学、语言接触与变异等多重角度对其进行分析（图 10.4）。

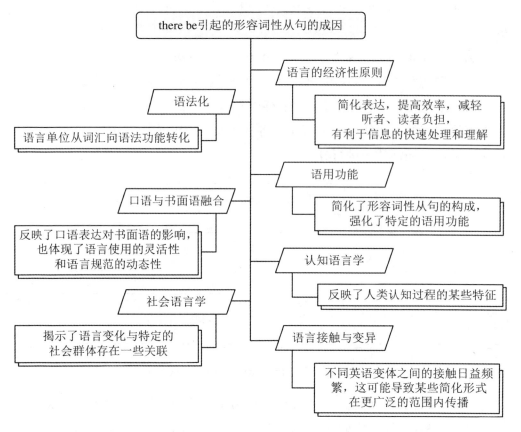

图 10.4　there be 引起的形容词性从句的成因

第一，语言的经济性原则。语言的经济性原则源于人类交际中追求效率的本能，体现人们在语言使用过程中对简洁表达的偏好。例如，用形容词性从句来表达例 17 的含义应该是这样"This is the best book *that has ever existed on nutriology.*"。但是例 17 中却使用了"(that) there has been on nutriology"来替换常见的形容词性从句，并且还省略引导词"that"。这一句式进行了文字上的压缩，更为简洁，却不损失语义。

从交际角度来看，这种简化的表达不仅提高了表达效率，还减轻了听者或读者在处理复杂句法时的认知负担，有利于信息的快速处理和理解。在口语交际中，这种结构具有一定的优势。它让说话者以更快的速度传递信息，满足高效交流的需求。这种效率的提升不仅体现在单个句子的层面，还能在整体对话或文本中产生累积效应，使得整个交流过程更加流畅和高效。然而，值得注意的是，语言经济性原则的作用并不是无限制的。在追求简洁的同时，语言使用者还需要平衡清晰度和准确性的需求。there be 引起的形容词性从句的使用恰好体现了这种平衡，它在简化表达的同时，仍然保留了足够的语义信息，确保了交际的有效性。

第二，语法化。语法化是语言变化的重要触发因素之一。从上述例句可以看出，这一类型的形容词性从句的形成路径为：先在形容词性从句中使用 there be 结构，再省略引导词。这一过程体现了语言单位从词汇向语法功能转化的趋势，可以视作语法化过程的典型。随着使用频率的增加，原本完整的形容词性从句逐渐演变为更加简化的 there be 引起的形容词性从句，并逐渐在英语句法中固化下来。这种结构固化不仅简化了表达，还赋予了 there be 结构新的语法功能和语义。there be 结构的语义经历了从具体到抽象的泛化过程。最初表示简单的存在意义，逐渐扩展为对时间的限定，语义重心更加偏向于 there be 中的 be，be 的形式变化反映了对不同时间的限定。

第三，语用功能。there be 引起的形容词性从句的形成不仅简化了形容词性从句的构成，还在某些语境下强化了特定的语用功能。

首先，这种结构在表达"最好的""唯一的"等概念时，比正常的形容词性从句更具有强调作用。例如，在例 15 中，"the best food there is"比"the best food that exists"更能突显所指对象"现在存在的状态"（"there be"本身就包含"存在""有"的含义）。这种强调功能使得表达更加简洁有力、语义更加集中，更容易引起听者或读者的注意。

其次，这种结构在某些情况下可以用来表达一定程度的模糊性，起到委婉表达的作用。比如，例 22 中的"everything there is to know"暗示了所指知识的广泛性，同时也巧妙地避免了明确界定知识范围的"绝对性"。这种模糊性在社交互动中尤其有用，它让说话者在保持准确性的同时避免过于绝对的陈述。此外，there be 引起的形容词性从句在某些语境中还可以作为一种话语标记，用于引导听者或读者的注意力。例如，"The problem there is with this approach …"，这样的表达可以引导听众关注说话者即将讨论的问题。这种话语标记功能增强了表达的连贯性和清晰度，有助于有效地组织和传递信息。

第四，口语与书面语融合。there be 引起的形容词性从句反映了口语表达对书面语的影响，同时也体现了语言使用的灵活性和语言规范的动态性。如前所述，这种结构最初源于口语中的简化倾向，随后逐渐被接受并进入更正式的书面语域，展示了语言使用在不同场合中的连续性。这种语域的跨越不仅丰富了英语的表达方式，还为作者和说话者提供了更多的文体选择，使他们能够根据不同的交际场合和目的灵活调整语言风格。这种结构的"迭代"过程向我们展示了语言标准是随着用语习惯的改变而不断演变和发展的。它揭示了语言规范并不是一成不变的，而是一个在使用者的集体实践中不断演变的动态过程。这种演变反映了语言的生命力及语言社区在保持交际效率和语言规范之间寻求平衡的努力。

从更广泛的角度来看，在数字化快速发展的今天，传统的口语和书面语之间的界限日益模糊。社交媒体、即时通信等新兴交际平台的兴起，加速了非正式表达方式向更正式语境的渗透。今后类似于 there be 引起的形容词性从句的语言现象会越发常见。理解这种融合现象对语言教学和研究都具有重要意义。对于外语教育工作者来说，它提醒我们需要在教学中反映语言使用的真实状况，既要传授标准语言规范，也要让学习者了解语言的变化趋势和使用的灵活性。对于语言研究者而言，这种现象也为探讨语言变异、语言规划和语言政策提供了丰富的研究素材。

第五，认知语言学。从认知语言学的角度看，there be 引起的形容词性从句的形成反映了人类认知过程的某些特征。首先，这种结构可以被视为两个"概念域"（存在概念和时间描述）的整合，形成了一个更为紧凑的心理表征。这种概念整合不仅简化了语言形式，还可能反映人类思维中对复杂信息进行压缩和重组的倾向。其次，某些高频使用的表达（如"the best there is"）可能成为这类结构的"原型"，进而促进类似结构的形成和理解。这种原型效应在语言习得和使用中起着重要作用，它为语言使用者提供了认知上的"锚点"，形成了新的"认知图式"，有助于新表达的快速理解和接受。

此外，从"图形-背景"理论的角度来看，there be 引起的形容词性从句限定的名词成为认知的"图形"，而 there be 引起的形容词性从句自身则构成"背景"。这种认知安排有助于突显关键信息，使得听者或读者能够更有效地捕捉和处理信息的重点。认知语言学的视角不仅帮助我们理解这种结构的形成机制，还为外语教学提供了新的思路。它提示我们在外语教学中应该注意培养学习者的概念整合能力,帮助他们建立语言结构的原型认知,并训练其灵活运用"图形-背景"的关系来组织语言信息。这种基于认知的教学方法在一定程度上更加贴合人类对语言学习的自然认知过程,从而提高学习效率。

第六,社会语言学。there be 引起的形容词性从句的存在和使用揭示了语言变化与特定的社会群体存在一些关联。例如,某些年龄群体(如年轻人)或特定职业群体可能更倾向于使用这种简化结构,使之成为群体身份的标记之一。同时,非母语使用者在使用英语时可能更倾向于采用相对简化的结构,这种趋势反过来又可能影响母语使用者的语言习惯。随着全球化趋势的不断提速,非母语使用者对英语这方面的影响也在不断增加,促进了一些简化结构在英语中的形成和普及。

第七,语言接触与变异。在全球化的背景下,不同英语变体之间的接触日益频繁,从而导致某些简化形式在更广泛的范围内传播。虽然这种特定结构主要源于英语内部的发展,但如前文所述,其他语言中类似的简化趋势在一定程度上会对英语使用者的语言习惯产生间接影响。在多语言环境中,语言使用者可能会不自觉地将一种语言的简化策略转移到另一种语言中,这种跨语言影响加速了某些简化结构的形成和接受。对于外语教育工作者来说,理解语言接触与变异的关系有助于我们更好地把握语言教学的方向。我们需要在教学中反映语言的多样性和变化性,同时也要帮助学习者理解标准语言和变体之间的关系。

综上所述,there be 引起的形容词性从句的出现、固化并被广泛使用是多种语言学因素共同作用的结果。它不仅体现了语言内部的演化规律,也反映了语言使用者的认知特征和社会文化背景。这种结构的存在和发展为我们提供了一个观察和理解语言变化的窗口,揭示了语言发展的灵活性和适应性。在英语语法教学中从多维度对这一类语言现象进行解释,引导学生对其关注和研究,不仅有助于学生更好地把握语言的本质,理解语言发展规律,还能提高学习者的语言敏感性,培养他们在不同语言环境中灵活运用语言的能力。

第三节　双 重 谓 语

双重谓语,顾名思义,即对两个句子的谓语合二为一。它不等同于"并列谓语",是在保持信息量不变的前提下,减少用词量的一种"简化"的表达形式。比如"He died a hero."这个句子,对于大多数中国英语学习者而言,会认为是一个错误的句子。按照常理,"die"是一个不及物动词,之后是不可以接宾语的。如果从双重谓语的角度来看,这个句子其实是一个"简化"的句子。该句表达的意思应该是"When he died, he was a hero."。按照上述的解释来看,即将从句中的谓语"died"和主句中的谓语"was a hero"合二为一,放到一个句子里面,简化之后,构成了"He died a hero."。

除了章振邦的《新编英语语法教程》,国内鲜有其他语法书或者专著对双重谓语这一现象进行介绍。《新编英语语法教程》也仅对其中一种双重谓语的结构进行了简要的介绍,并未对其类别、构成、语义及用法进行详细阐述。总体而言,双重谓语在句中主要起到表语的作用,这种结构不仅简练而富有表现力,而且能通过简洁的形式传达复杂的语义内容。本节将对双重谓语的两种主要类型进行介绍,并结合具体实例分析其语法特点和语义功能。双重谓语的两种形式如图10.5所示。

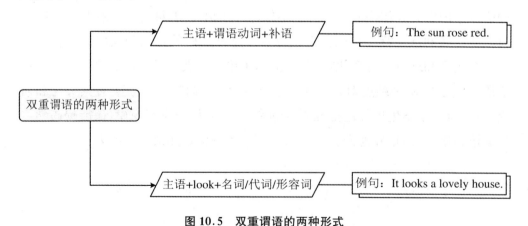

图 10.5　双重谓语的两种形式

一、"主语＋谓语动词＋补语"类型

从结构特征来说,这种类型的双重谓语的构成为:主语＋谓语动词＋补语(通常为形容词或名词)。其中,谓语动词多为表示状态变化或持续的动词,如rise、stand、sit、lie、born 等,而补语则描述主语在动作发生时的状态或特征。具体例句及语义分析如下:

例 27　The sun rose red.

改述:When the sun rose, it was red.

本句将"太阳升起"和"太阳是红色的"两个谓语概念合并。"rose"表示动作,"red"描述状态,共同构成双重谓语。

例 28　He is standing motionless over there.

改述:He is standing over there and he is motionless while standing.

本句中"is standing"表示持续性的动作,"motionless"描述站立时的状态,形成双重谓语结构。

例 29　She stood pale before me.

改述:She stood before me and she was pale while standing.

本句中"stood"表示动作,"pale"描述站立时的状态,共同构成双重谓语。

例 30　He was born rich.

改述:When he was born, he was rich.

本句中"was born"表示出生这一事件,"rich"描述出生时的状态,形成双重谓语。

例 31　No man is born wise.

改述:When a man is born, he is not wise.

本句中"is born"和"wise"构成双重谓语,表达出生时的状态。

例 32　All men are born the same, and equal.

改述:When all men are born, they are the same and equal.

本句中"are born"表示出生,"the same"和"equal"共同描述出生时的状态,构成复杂的双重谓语结构。

我们再来看看其他含有这种类型双重谓语的例子:

例 33　Then a rifle shot cracked out, and the man with the pistol fell to the ground *dead*.

例 34　We came to the meeting full of anticipation, yet we left *disappointed*.

例 35　He grew up *poor*, learned to sing in church, and became a truck driver when he graduated from high school.

例 36　This means that if you get less sleep than normal — and people vary a great deal in how much sleep they normally require — you awake *more friendly*, *more aggressive*, and *less sleepy*.

例 37　However you decide to spend your time, one thing is certain; you will arrive at your destination *fresh and uncrumpled*.

例 38　Vingo sat there *stunned*, looking at the oak tree. It was covered with yellow handkerchiefs — 20 of them, 30 of them, maybe hundreds, a tree that stood like a banner of welcome billowing in the wind.

例 39　In April 1995, a young Chinese student at Beijing University lay *dying* in a Beijing hospital.

例 40　Inevitably you arrive at your destination almost *exhausted*.

例 41　Deep into the night, outside Washington, the bus pulled into Howard Johnson's, and everybody got off except Vingo. He sat *rooted* in his seat.

二、"主语＋look＋名词/代词/形容词"类型

这种类型的双重谓语不是很常见，从结构特征方面而言，该类型的双重谓语的构成为：主语＋look＋名词/代词/形容词。在此结构中，"look"作为连系动词，其后的补语可以是名词、代词或形容词，用以描述主语的外表或给人的印象。从语义方面而言，属于一种外观描述型双重谓语。具体例句及语义分析如下：

例 42　It looks a lovely house.

改述：It appears to be a lovely house.

"looks"连接主语"it"与名词短语"a lovely house"，构成双重谓语，表达对房子外观的判断。我们可以将这个结构理解为两个陈述句的"压缩"：

It looks（某种样子）.

It is a lovely house.

这两个陈述句被"压缩"成了一个更简洁的表达:"It looks a lovely house."。

"looks"表达了观察或判断的过程,而"a lovely house"则给出了这个判断的结果。通过分析,我们不难发现这类"双重谓语"的特点是:它在一个简单句中同时表达了两个谓语性的概念,外观(looks)和本质(a lovely house)。

谈到这里,我们不禁要问,这个双重谓语和句子"It looks like a lovely house."有什么区别呢？从结构方面而言,双重谓语的表达更为简洁;从语义方面来看,"It looks a lovely house."直接给出了判断,主观性、确定性更强。"It looks like a lovely house."使用"like"展现了一种比较性或类似性,语义相对"舒缓"、客观,暗示判断具有不确定性。

从使用频率和语体方面来看,尽管这种双重谓语结构在语法上是正确的,而且表达力很强,但在日常英语中使用较少。它给人一种更正式或文学化的感觉。相比之下,"It looks like a lovely house."在日常交流中更为普遍。下面我们再来看看其他含有这种类型双重谓语的例句:

例 43 But when I came downstairs he was dressed, sitting by the fire, *looking a very sick and miserable boy of nine years*.

改述:When I came downstairs, he was dressed and sitting by the fire. He appeared to be a very sick and miserable boy of nine years.

本句中"looking"连接主语"he"与名词短语"a very sick and miserable boy of nine years",形成双重谓语,描述其外表和状态。

例 44 He is thirty and *looks it*.

改述:He is thirty years old and he appears to be thirty years old.

本句中"looks"连接主语"he"与代词"it"(指代"thirty"),构成双重谓语,表达年龄和外表的一致性。

例 45 He's beginning to *look his age*.

改述:He is beginning to appear to be as old as he actually is.

本句中"look"连接主语"he"与名词短语"his age",形成双重谓语,描述外表开始与实际年龄相符。

例 46 You have to *look your best* if you want the job.

改述:You have to appear to be in your best condition if you want the job.

本句中"look"连接主语"you"与名词化形容词"your best",构成双重谓语,表达展现最佳状态的需要。

  双重谓语结构的一个主要优势是它的简洁性。它允许在一个简单句中传达复杂的信息，既表达了观察过程，又给出了判断结果，而无需使用更复杂的从句结构。理解这种结构有助于我们更好地把握英语的表达多样性。虽然在日常使用中可能不太常见，但在文学作品或更正式的语境中会经常出现。了解这种结构也有助于理解语言的演变过程。掌握这一语法结构，不仅能够提高语言表达的准确性和简洁性，还能增强英语写作和口语的地道性。在实际应用中，合理运用双重谓语结构将使英语表达更加生动有力，富有表现力。

第四节 无动词分句

  对于大多数中国英语学习者而言，英语写作犹如在迷雾中行走——每一步都充满不确定性。完成一个句子后，他们常常陷入困惑：这个句子的语法真的正确吗？这种所谓的"自检能力"的缺失，成为了许多学习者在英语写作之路上的一大障碍。为了解决这个问题，英语教师们通常会强调掌握英语句子的五种基本结构、句子的中心成分以及句子连接方式的重要性。这些基础知识无疑是必要的，就像是为学习者提供了一张语法地图。然而，仅仅拥有"地图"并不意味着我们能在复杂的语言地形中游刃有余。英语中有着许多微妙而高级的语法结构，它们往往超出了基础语法规则的范畴。让我们来看一个具体的例子："Fat, he cannot run fast."。

  面对这样一个看似简单的句子，许多中国英语学习者会感到困惑不已。他们可能会问自己："这个句子真的语法正确吗？'fat'在句子中充当什么成分？为什么它可以独立存在于句首？这种结构是否违反了我们所学的基本句子结构规则？"这种困惑不仅限于句法构成层面。当要求这些学习者分析"fat"在句中的句法功能时，他们可能会更加手足无措。"fat"是形容词做表语，还是做某种特殊的状语？又或是做别的成分？更进一步，如果让他们指出这种语言现象在语法体系中的归属，恐怕绝大多数学习者都会哑口无言。

  上述例子揭示了英语学习，特别是高级语法学习的复杂性。这表明，即使掌握了基本的语法规则，我们仍然可能在面对某些特殊结构时感到困惑。无动词分句就是这样一种特殊而又常见的结构,它以"看似简单"的表现形式挑战着学习者的语法认知。相反,它同时也为英语表达提供了更多的可能性。理解和掌握无动词分句,不仅能够帮助学习者理解句法构造的灵活性,辨认出这类特殊结构的正确性,还能够使他们的英语表达更加地道、简洁和富有表现力。本小节将对无动词分句的本质、结构特征、分类以及在 EFL 写作中的应用进行探讨,以期为英语学习者认识和使用无动词分句提供帮助。

一、无动词分句的名称释读

无动词分句(verbless clause)这个名称由两个部分构成:"无动词"和"分句",它们巧妙地结合在一起,既点明了这种结构的本质特征,又界定了其语法单位的归属。首先,"分句"这一部分明确了它在语法体系中的定位,它是一个句子,虽能表达"完整的语义",但不能独立存在,需要附着在主句之上。其次,"无动词"这一修饰语揭示了这种结构的核心特征。它直接指出了这类分句最显著的特点:在"表层结构"中完全没有谓语动词出现。这里的"无动词"既包括常见的谓语动词,也涵盖了非谓语动词形式,如动词不定式、分词和动名词。简而言之,无动词分句是一个句子,但是它没有动词。

因此,"无动词分句"这一名称本身就是对这类语言现象的精确概括。它不仅准确描述了这种结构的形式特征,而且界定了其在语言系统中的特殊地位。通过这样的命名,语言学家们成功地将一个复杂的语法概念浓缩为一个既直观又内涵丰富的术语,为我们理解和分析这种独特的语言现象提供了一个清晰的框架。

从句法结构而言,无动词分句实际上是一种省略手法,也是一种高度凝练的表达方式。虽然缺少了动词这一通常被认为是句子核心的成分,但它通过上下文或者其他句子成分的配合,仍然能够传递出完整而丰富的信息。这种省略不仅没有影响理解,反而在某些情况下能够增强语言的表现力,使表达更加简洁有力。从句法功能而言,无动词分句通常在句中做状语,在语义上等同于各种类型的状语从句。

二、无动词分句类型划分

如上文所述，无动词分句是一种"省略"的手段，主要有以下三种方式的"省略"：动词、从属连词以及主语的省略。在这三种省略方式中，动词是必须省略的，而从属连词和主语则是根据使用者想表达的语义"选择性"地省略或保留。那么依据这些成分的"省略"或"保留"，便形成了三种类型的无动词分句（图10.6）。

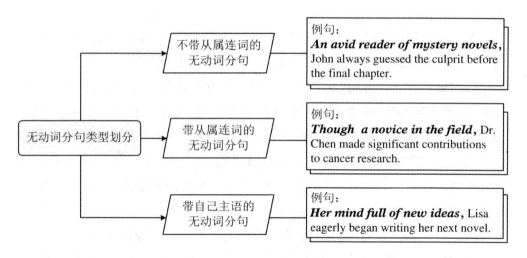

图 10.6　无动词分句类型划分

（一）不带从属连词的无动词分句

例 47　*An avid reader of mystery novels*，John always guessed the culprit before the final chapter.

例 48　*Eager to impress*，the young chef prepared an elaborate five-course meal.

例 49　*A skilled musician since childhood*，Maria effortlessly played complex piano sonatas.

例 50　*Rain or snow*，the mountain rescue team always responds to emergencies.

例 51　*Nervous about the interview*，Mark rehearsed his answers repeatedly.

(二) 带从属连词的无动词分句

这类分句保留了从属连词,增加了语义的明确性。

例 52 *Though a novice in the field*, Dr. Chen made significant contributions to cancer research.

例 53 *While still in high school*, Sarah published her first novel to critical acclaim.

例 54 *Although typically reserved in social settings*, Jake became quite animated during the debate.

例 55 *When in China*, many tourists eagerly embrace local customs and traditions.

例 56 *Unless under extreme pressure*, the experienced surgeon rarely makes mistakes during operations.

例 57 *If in doubt about the recipe*, amateur bakers often consult online cooking forums for advice.

例 58 The project progressed smoothly, *albeit (although) behind schedule*, despite numerous challenges.

例 59 The small town grew steadily, *though not spectacularly*, over the past decade.

(三) 带自己主语的无动词分句

这类分句具有独立的主语,形成所谓的"独立结构"(见第八章第五节)。其实这种类型的无动词分句就是独立结构中的形式:逻辑主语 + 名词词组/介词词组/形容词词组/副词词组。

例 60 *Her mind full of new ideas*, Lisa eagerly began writing her next novel.

例 61 *The audience on their feet*, the orchestra played one final encore.

例 62 *The room dark and silent*, Emily crept quietly towards the door.

例 63 *His reputation at stake*, the politician carefully considered his next statement.

例 64 *The spring flowers in full bloom*, the park became a popular spot for photographers.

例 65 *Her hair still wet from the swim*，Sarah rushed to catch her bus.

例 66 *The old book fragile with age*，the librarian handled it with extreme care.

三、无动词分句的语用功能

无动词分句不仅是一种语法结构,更是一种语用工具,能够增强语言的简洁性,强调重点信息,增加语言的灵活性,创造特殊的修辞效果,在多个层面上提升语言的表现力和效果。无动词分句的语用功能如图10.7所示。

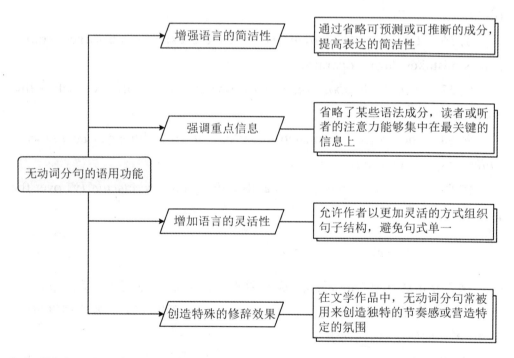

图 10.7 无动词分句的语用功能

第一,增强语言的简洁性。无动词分句通过省略可预测或可推断的成分,提高表达的简洁性。这种简洁性在学术写作和文学创作中尤为有用。在学术论文中,无动词分句可以帮助作者在有限的篇幅内传达更多的信息。例如,"*The experiment over*, we analyzed the data."比"When the experiment was over, we analyzed the data."更加简洁。

第二,强调重点信息。由于省略了某些语法成分,无动词分句能够将读者或听者的注意力集中在最关键的信息上。这种强调效果在各种写作和演讲场合都非常有用。在演讲稿中,使用无动词分句可以创造出富有韵律感的段落,吸引听众的注意力。例如,"*Determined, resilient, and innovative*, our team overcame all obstacles."。在描述性写作中,无动词分句可以用来突出某些特征或状态,如"*Eyes wide with surprise, mouth agape*, Sarah stared at the unexpected gift."。通过这种方式,作者可以引导读者关注最重要的细节,增强文本的整体效果。

第三,增加语言的灵活性。无动词分句让作者以更加灵活的方式组织句子结构,避免句式单一。这种灵活性使作者能够根据语境和目的调整语言风格。在正式的学术写作中,无动词分句可以用来简洁地表达复杂的概念关系。例如,"*Other factors equal*, the results showed a significant correlation."。这种结构上的变化不仅能使行文表达更加简洁,还能展示作者对语言的高度掌控能力。

第四,创造特殊的修辞效果。在文学作品中,无动词分句常被用来创造独特的节奏感或营造特定的氛围。它可以用来突出某个瞬间的情感强度,如"*Tears on face, emotion in voice*, she at the podium with the award in hand."。在诗歌或散文中,无动词分句可以创造出简洁而富有画面感的描述,如"*Autumn leaves on the ground, a whisper in the air*, the old house in silence."。这种结构还可以用来模仿意识流或内心独白,增加文本的心理深度。通过巧妙运用无动词分句,作者可以在不使用传统句式的情况下传达复杂的情感和意境,从而增强文本的文学性和艺术性。

四、无动词分句的运用

从语义和语用方面而言,无动词分句能够替代多种状语从句。对于中国英语学习者来说,掌握无动词分句,并将其运用到自己的写作中,不仅可以避免句式单一,还能增强文章的整体流畅性和表现力,使表达更加简洁、灵活且富有变化,提升写作水平。下面将详细探讨无动词分句在写作中替换各种状语的运用,具体如图10.8所示。

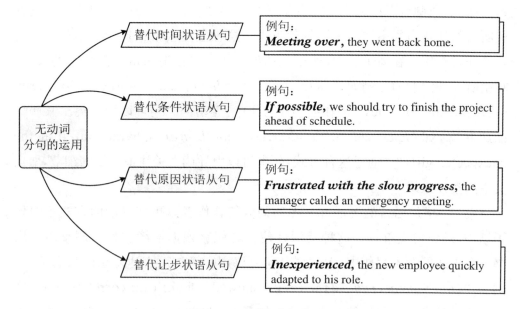

图 10.8 无动词分句的运用

1. 替代时间状语从句

无动词分句可以简洁地表达时间关系,避免反复使用"when"或"while"等连词。

原句:When the meeting was over, they went back home.

改写:*Meeting over*, they went back home.

2. 替代条件状语从句

无动词分句可以巧妙地表达条件关系,特别是在表达假设或一般性条件时。以下这种改写方式可以使条件表达更加简洁有力,同时增加语言的多样性。

原句:If it is possible, we should try to finish the project ahead of schedule.

改写:*If possible*, we should try to finish the project ahead of schedule.

3. 替代原因状语从句

用无动词分句表达原因可以使文章更加紧凑,避免过多使用"because"或"since"。

原句:Because he was frustrated with the slow progress, the manager called an emergency meeting.

改写：*Frustrated with the slow progress*, the manager called an emergency meeting.

原句：Since she was confident in her abilities, Lisa decided to apply for the promotion.

改写：*Confident in her abilities*, Lisa decided to apply for the promotion.

4. 替代让步状语从句

在表达让步关系时使用无动词分句，可以避免过度依赖"although"或"despite"等连词。

原句：Although he was inexperienced, the new employee quickly adapted to his role.

改写：*Inexperienced*, the new employee quickly adapted to his role.

原句：Despite being a small company, they managed to secure a major contract.

改写：*A small company*, they managed to secure a major contract.

除此之外，无动词分句还可以用来简洁地提供附加信息，减少并列句或复合句的使用，使表达更加紧凑，同时增加了描述的生动性。

原句：The CEO stood at the podium. Her voice was firm and her gaze was steady.

改写：The CEO stood at the podium, *voice firm and gaze steady*.

五、无动词分句对 EFL 学习者的作用

掌握和运用无动词分句对 EFL 学习者的写作能力提升有着诸多益处。这种语法结构不仅能够丰富写作表达，还能帮助学习者更好地把握英语写作的精髓。主要表现在以下几个方面：

第一，提高语言效率。无动词分句让 EFL 学习者用更精炼的方式表达复杂的概念。通过省略某些可以推断的语法成分，如主语或动词，学习者可以在不损失意义的前提下大幅减少词数。这种简洁性不仅使文章更易读，还能帮助学习者在有字数限制的写作任务中更好地组织语言。例如，在学术论文摘要或商业报告中，每个词都至关重要，无动词分句可以帮助学习者在有限的篇幅内

传达更多信息。

第二,增强语言的多样性。对于 EFL 学习者来说,避免句式单调是提高写作水平的关键指标之一。无动词分句为他们丰富句法的多样性提供了可能。通过交替使用完整句和无动词分句,学习者可以创造出节奏感更强、更吸引读者的文本。这种多样性不仅使写作更加生动有趣,还能展示学习者对语言的高度掌控能力。在叙事性写作中,无动词分句可以用来突出某些描述或动作,增强文本的戏剧性和吸引力。

第三,展现写作的专业性和娴熟度。熟练运用无动词分句是高级英语水平的标志之一。对 EFL 学习者而言,恰当地使用这一结构可以突显其写作的专业性和对语言使用的娴熟度。具体言之,在学术写作中,无动词分句可以用来简洁地表达复杂的概念或关系;在商业写作中,它可以帮助传达精炼而有力的信息。通过展示对这种高级语法结构的掌握,EFL 学习者可以增强其写作的说服力和专业性,这在学术论文、商业提案或求职信中尤为重要。

第四,增强文章的连贯性和流畅性。无动词分句作为文本表达中一种有效的过渡工具,可以帮助 EFL 学习者创造更加流畅和连贯的文本。通过替换部分状语从句,无动词分句可以减少句子之间的生硬转折,使文章更加连贯流畅。这种结构允许作者在不打断主要"叙述流"的情况下添加额外的信息或背景细节。例如,在描述一系列事件或解释复杂的过程时,无动词分句可以帮助学习者更自然地连接不同的想法和概念,从而创造出逻辑清晰、易于理解的文本。

第五,培养简洁表达的能力。学习使用无动词分句可以培养 EFL 学习者简洁表达的能力,这是一项在学术和职业写作中都非常重要的技能。通过练习使用无动词分句,学习者逐渐养成了精确和高效表达思想的习惯。这种能力在撰写摘要、报告结论或电子邮件时尤其有用。此外,简洁表达的能力还可以帮助学习者更好地组织语言和表达复杂的想法,使其论点更加清晰有力。随着时间的推移,掌握并熟练使用无动词分句将会成为 EFL 学习者的一个重要优势,使他们能够在各种写作场景中更有效地沟通。

无动词分句对 EFL 学习者的作用如图 10.9 所示。

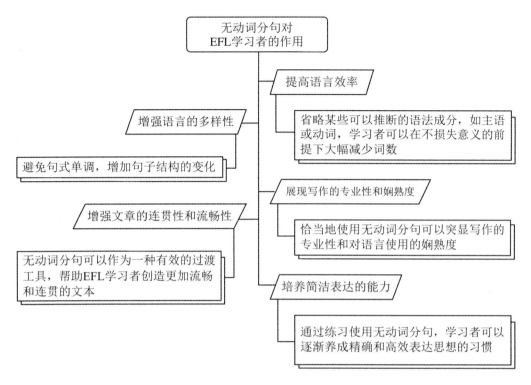

图10.9 无动词分句对 EFL 学习者的作用

六、无动词分句的教学策略

在 EFL 教学中,无动词分句的教学需要系统而有针对性的方法。以下是一些详细的教学策略(图10.10),旨在为英语教学工作对无动词分句的教学提供参照。

1. 循序渐进

教学应遵循循序渐进的原则,从最基本的无动词分句形式开始,逐步过渡到一些复杂的结构。首先,可以介绍不带从属连词的简单形式,如形容词词组做补语的结构(例如,"*Excited about the trip*, Sarah packed her bags early.")。然后,逐步引入带从属连词的形式,如"*Although tired*, he continued working."。最后,可以教授带有独立主语的复杂形式,如"*The meeting over*, everyone left the room."。这种渐进式的教学方法可以帮助学生逐步培养对无动词分句的理解和使用能力,避免因结构复杂而产生学习的挫折感。

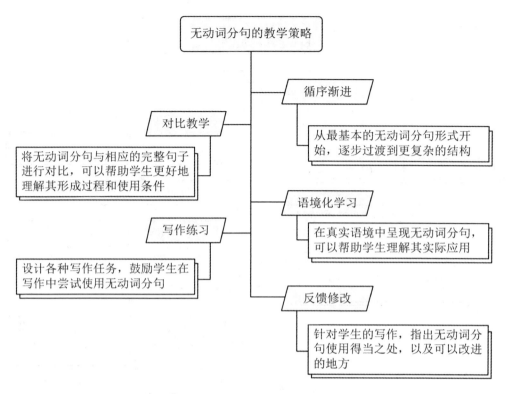

图 10.10　无动词分句的教学策略

2．对比教学

将无动词分句与相应的完整句子进行对比，可以帮助学生更好地理解其形成过程和使用条件。例如，可以展示"Because he was tired, he went to bed early."和"Tired, he went to bed early."这两个句子，讨论它们在意义和语气上的细微差别。通过这种对比，学生可以清楚地看到，在保留原义的同时，使用无动词分句是如何简化句式表达的。教师还可以引导学生思考何时使用完整的句子更合适，何时使用无动词分句更有效，从而培养学生的语言意识和表达技巧。

3．语境化学习

在真实语境中开展无动词分句的教学，可以帮助学生理解其实际应用。教师可以为学生提供各种真实语料，如新闻文章、文学作品、学术论文摘要等，让他们在这些材料中识别和分析无动词分句的使用。例如，可以使用一段描述性文字，如"Sunlight through the windows, dust particles in the air, the old library stood quiet and serene."，讨论无动词分句如何增强描述的生动性。通过这种方式,学生不仅能学习语法结构,还能理解其在不同文体和场合中的实际应用。

4. 写作练习

鼓励学生在写作中尝试使用无动词分句,是巩固和提升其学习效果的关键。教师可以在教学结束后设计各种写作任务,如改写练习(将含有状语从句的句子改写成使用无动词分句的形式)、情景写作(描述一个场景或一系列动作,要求使用无动词分句)或主题写作(就特定主题撰写短文,鼓励适当使用无动词分句)。例如,可以要求学生描述"一个繁忙的街道场景",使用无动词分句来增加描述的简洁性和生动性。通过这些练习,学生可以逐步提高使用无动词分句的熟练度,并学会在适当的语境中灵活运用这一结构。

5. 反馈修改

为学生提供具体、有启发性的反馈是提高其无动词分句使用能力的重要环节。教师可以针对学生的写作,指出无动词分句使用得当之处,以及可以改进的地方。例如,可以指出哪些复杂的状语从句可以用无动词分句替代,或者建议在某些段落中增加无动词分句以增强文章的节奏感。鼓励学生根据反馈修改自己的句子,这个过程可以加深他们对无动词分句使用的理解,并提高他们的自我纠错能力。

通过这些多样化的教学策略,教师可以进一步帮助学生全面掌握无动词分句的使用,在一定程度上提高他们的英语写作水平。这些方法不仅关注语法知识的传授,更注重培养学生在实际情况中灵活运用这一结构的能力。随着练习的深入,学生将能够更自如地在各种写作场景中运用无动词分句,使其英语表达更加成熟和专业。

综上所述,无动词分句作为英语语法中的一个独特现象,不仅体现了语言的经济性原则,更彰显了英语表达的灵活性和丰富性。对 EFL 学习者而言,掌握无动词分句的使用不仅是提升语言技能的过程,更是深入理解英语思维方式的重要途径。通过本节的探讨,我们可以看到无动词分句在语言效率、多样性、专业性、连贯性和简洁表达等方面对 EFL 学习者写作能力的积极作用。这种语法结构不仅能够帮助学习者更有效地组织和表达思想,还能使其写作更具英语母语者的特质,可以将其运用在学术写作、商业沟通、文学创作等不同的文体中。

然而,无动词分句的学习和应用并不是一蹴而就的。它需要教师采用系统、循序渐进的教学策略,通过对比分析、语境化学习、写作实践等多种方法,帮助学生逐步掌握这一结构的使用技巧。同时,学生自身也需要持续练习和反思,才能在实际写作中灵活运用无动词分句,真正提升自己的语言表达水平。

值得注意的是,无动词分句虽然是一种有效的语言工具,但并非在所有场合都适用。EFL 学习者需要培养对语言使用的敏感度,学会根据具体的语境和写作目的选择是否使用无动词分句。过度使用可能会导致文章节奏单一或表达不清,因此在教学和学习过程中,应当强调合理和得当的使用。对于 EFL 学习者来说,掌握无动词分句不仅是提高语言技能的手段,更是迈向高级英语水平的重要一步。随着实践和经验的积累,学习者将能够更自如地运用无动词分句,使其英语写作更加流畅、精炼和富有表现力。

第五节 同位语和同位关系

一、从名称角度释读同位语和同位关系

"同位",顾名思义,就是具有相同的位置,具有相同的语法作用,可以起到相互解释和描述的作用。在英语中,与"同位"概念密切相关的有两个术语,分别是"appositive"和"apposition"。前者是"同位语",后者是"同位关系"。中国英语学习者接触较多的是前者,如"同位语"和"同位语从句"。例如,在中学英语教学中,教师经常会向学生介绍,两个逗号或者两个破折号中间的插入成分一般是"同位语"。又如,在介绍同位语从句的时候,教师大多会说,"接在一个表示概念或范畴的抽象名词之后的从句叫作同位语从句"等。而对于"同位关系",在中国英语教学中较少涉及,英语学习者容易混淆其与"同位语"的概念。下面我们将对英语中"同位语"和"同位关系"这两个术语的区别进行梳理(图 10.11)。

同位语紧跟在另一个名词或代词后面,进一步解释或定义前面的成分,它可以是一个单词、短语或从句等不同的语法单位。

1. 单词层面

My friend *John* is coming to dinner. ("John"是"My friend"的同位语)

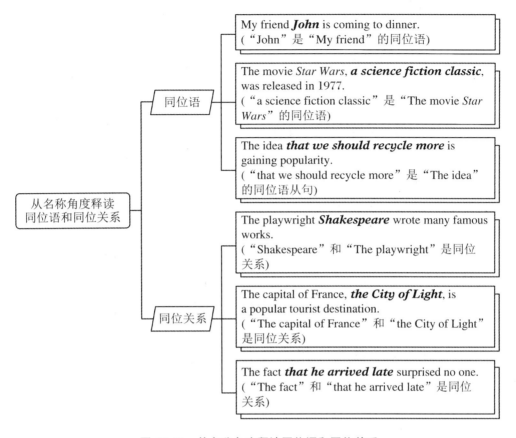

图 10.11　从名称角度释读同位语和同位关系

2. 短语层面

The movie *Star Wars*, ***a science fiction classic***, was released in 1977. ("a science fiction classic"是"The movie *Star Wars*"的同位语)

3. 从句层面

The idea ***that we should recycle more*** is gaining popularity. ("that we should recycle more"是"The idea"的同位语从句)

就表现形式而言,同位语可以是限制性的(没有逗号)或非限制性的(用逗号隔开)。

限制性:My sister ***Mary*** is a doctor. (特指哪个姐妹)

非限制性:My sister,***Mary***,is a doctor. (提供额外信息,但不是用来区分的)

同位关系是指两个具有相同的语法功能,并且指代相同的事物的语法单位(词、短语或从句)所表现出来的一种语法关系或结构。这种关系可以体现在不同的语法层面：

1. 单词层面

The playwright *Shakespeare* wrote many famous works.（"Shakespeare"和"The playwright"是同位关系）

2. 短语层面

The capital of France, *the City of Light*, is a popular tourist destination.（"The capital of France"和"the City of Light"是同位关系）

3. 从句层面

The fact *that he arrived late* surprised no one.（"The fact"和"that he arrived late"是同位关系）

综上所述，同位语与同位关系的区别在于，前者是参与"同位关系"的具体语法单位（词、短语或从句），而后者是描述这些语法单位之间关系的语法概念。理解这个区别可以帮助我们更准确地分析句子结构和使用这些语法概念。

二、"of"的所属关系和同位关系

通常而言，英语中的介词"of"可以表示两种关系：一种是"所属关系"，另一种是"同位"关系（图10.12）。

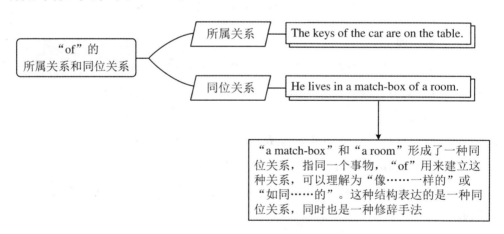

图 10.12　"of"的所属关系和同位关系

对于"所属关系"，相信大家并不陌生，例如下面这些句子：

例 67　The keys *of* the car are on the table.

译文：车钥匙在桌子上。

例68 The roof *of* the house needs repair.

译文：房子的屋顶需要修理。

例69 The pages *of* the book are yellowed with age.

译文：这本书的页面因年代久远而发黄。

例70 The bark *of* the old oak tree is rough and deeply furrowed.

译文：这棵老橡树的树皮粗糙且有深深的沟纹。

例71 The leader *of* the team made the final decision.

译文：团队的领导作出了最终决定。

中国英语学习者对这些句子中"of"的意思和用法较为熟悉，这些介词"of"表示的都是一种所属关系，也即"……的……"。一般而言，在外语学习中，我们很少去深究那些常见而又熟悉的语言现象。然而，正是这些熟悉的语言现象让我们形成了"思维定式"。受其影响，我们常常会用固有的认知去解释相同类别的语言现象。很多时候给我们的外语使用和学习造成了困难。例如，下面两个句子：

例72 The city of Hefei is my hometown.

例73 He lives in a match-box of a room.

对于例72，我们很少考虑其中的介词"of"表达的是什么关系。或者更进一步说，是否理解它所表达的关系并不影响我们对这个句义的释读。相反，对于例73，如果我们不理解"of"所表达的关系，仍用之前对"of"的认知模式去解释例73，我们就不能准确理解该句表达的含义。如前所述，这里的介词"of"表达的并不是"所属关系"，而是一种"同位关系"，所以不能翻译成"合肥的城市"或者"房子的火柴盒"。

需要指出的是，在章振邦的《新编英语语法教程》中，并没有将这两种结构视为一种类型，而是将例72划为同位关系，将例73划为"特殊修饰结构"。《新编英语语法教程》中对例73是这样描述的：

> 英语中还有一种特殊的修饰现象，其结构形式通常是 det. ＋ noun ＋ of ＋ det. ＋ noun，如 a hell of a factory、a match-box of a room 等。从表面上看，第一个名词（hell/match-box）似乎是被随后的 of 词组（of a factory/of a room）所修饰的，然而这个结构的内在关系比这种表面现象要复杂得多，这种结构的中心词（即被修饰对象）并不是第一个名词，而是第二个名词，因此：

a hell of a factory = a hell-like factory（地狱般的工厂）

a match-box of a room = a room as small as a match-box（斗室一间）

a mountain of a wave = a wave as high as a mountain（滔天巨浪）

a mere dot of a child = a child as small as a mere dot（小不点儿的孩子）

a devil of an American policeman = an American policeman who looks like a devil（魔鬼似的美国警察）

a phantom of a King = a phantom-like King（有名无实的国王）

从《新编英语语法教程》中的例子来看，这些 of 前后的语法单位（名词词组）之间构成了上文中提到的同位关系。例如，上述例子中的"a match-box of a room"，在这个短语中，"a match-box"和"a room"形成了一种同位关系。它们指的是同一个事物，即那个"房间"。这里的"of"用来建立这种关系，可以理解为"像……一样的"或"如同……的"。这种结构表达的是一种同位关系，同时也是一种修辞手法。"a match-box of a room"结构涉及的修辞手法及其作用如图 10.13 所示。

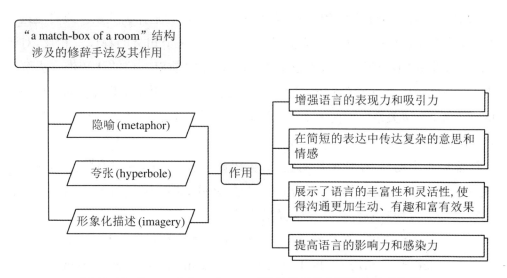

图 10.13 "a match-box of a room"结构涉及的修辞手法及其作用

下面让我们来分析一下"a match-box of a room"这种结构可能涉及的修辞手法。首先，这是一个隐喻的修辞手法，比喻词没有出现，将房子比作火柴盒，暗示房子非常小。其次，这是一个夸张的修辞手法，通过将房子比作火柴盒,夸张地强调了房子的小巧。再次,这还能理解为一个形象化描述修辞,这种表达方式能让读者立即在脑海形成一个清晰的图像,生动地描绘出房子的大小。总体而言,这种结构结合了比喻、夸张和形象化描述,以简洁有力的方式传达了房子极其小巧的特点。它通过简短的词组传达丰富的含义,展示了语言的灵活性和创造性,丰富了我们修辞的表达方式。在掌握了这种类型的结构之后,我们可以使用"of"写出以下同位修辞表达:

a giant of a man(一位巨人般的男子)

a wisp of a girl(一位身材纤细的女孩)

a beast of a car(一辆性能强劲的汽车)

a shrimp of a fellow(一个瘦弱得像虾米一样的家伙)

a bear of a task(一项艰巨的任务)

a jewel of a restaurant(一家极好的餐厅)

综上所述,这种修辞手法不仅能够增强语言的表现力和吸引力,还能在简短的表达中传达复杂的意思和情感。它展示了语言的丰富性和灵活性,使得沟通更加生动、有趣和富有效果。在适当的场合使用这种表达方式,可以大大提高语言的影响力和感染力。思考一下,在以下例句中,"of"在表达同位关系的时候,还可以表示哪些修辞手法?

例 74 *The city of Paris* is known for its romantic atmosphere.

译文:巴黎市以其浪漫的氛围而闻名。

例 75 He's *a bear of a man*, towering over everyone in the room.

译文:他是个熊一样的男人,在房间里高出所有人。

例 76 She lives in *a doll's house of an apartment*.

译文:她住在一个娃娃屋似的公寓里。

例 77 *The month of August* is typically the hottest in our region.

译文:八月通常是我们地区最热的月份。

例 78 He's *a wizard of a programmer*, solving complex issues with ease.

译文:他是个巫师般的程序员,轻松解决复杂问题。

例 79 *The island of Madagascar* is known for its unique wildlife.

译文:马达加斯加岛以其独特的野生动物而闻名。

例 80 It was *a nightmare of a journey*, with delays and lost luggage.

译文:这是一次噩梦般的旅程,延误了还丢了行李。

附　录

附录一　严复《英文汉诂》中国语言文化一览表（部分）

英语语法项目	汉语例句/译名	出处/说明
名词	鸢飞戾天,鱼跃于渊	《诗经·大雅·文王之什·旱麓》
代词	吾亦欲东耳,安能郁郁久居此乎	《资治通鉴·初,淮阴侯韩信》
形容词	人有善恶,花有白红	无出处,刻意模仿古文

续表

英语语法项目	汉语例句/译名	出处/说明
动词	瞽瞍杀人,舜为天子	《孟子》
	月明花开水流云在	无出处,刻意模仿古文
副词	啬啬恶寒,淅淅恶风,翕翕发热	《伤寒论》
	皎皎白驹	《诗经·小雅·白驹》
	突如其来如,焚如,死如,弃如	《周易》
介词	云淡风轻近午天	《春日偶成》
	束带立于朝	《论语·公冶长》
	以杖叩其胫	《论语·宪问》
助动词	奚以之九万里而南为	《逍遥游》
	技经肯綮之未尝	《庄子·内篇·养生主》
词性辨别	文从字顺各识职	《南阳樊绍述墓志铭》,中西文论对比
词性变化	如恶恶臭,如好好色	《礼记·大学》,中西文论对比(汉语变音不异形,英文异形)
词的类别	春风风人,夏雨雨人	《说苑·贵德》
及物动词	高力士脱靴	文化典故
不及物动词	赠季子金	文化典故
	投其璧于河	《左传·僖公·僖公二十四年》
最高级	西南夷君长以什数,夜郎最大	《史记·西南夷君长以什数》
指示代词	其心休休焉	《尚书·周书·秦誓》
主动语态	僧敲月下门	《题李凝幽居》
被动语态	白发终难变,黄金不可成	《秋夜独坐》
过去进行时	欧阳子方夜读书	《秋声赋》
时态比较	也 = to be;矣 = to have	中西语法比较
语态	语态:声 主动语态:刚声 被动语态:柔声	源自我国古代《易筋经》,发声有刚声和柔声,刚声以发力为主,柔声以受力为主
时态命名	过去之方事	方:正在/进行。
	过去之既事	既:完成

续表

英语语法项目	汉语例句/译名	出处/说明
时态命名	过去之不论方既	不论方既：不是正在，也不完成，那么就是一般现在时。 以时间而言：过去、现在、未来。 以做的事情而言：方事、既事、不论方既
	现在之方事	
	现在之既事	
	现在之不论方既	
	将来之方事	
	将来之既事	
	将来之不论方既	
	现在之兼言方既	
	过去之兼言方既	
	将来之兼言方既	
介词	交以道接以礼	交以道接以礼，近者悦远者来。 解释：用于商店。要有道德地进行交易，以礼貌接待顾客；近处的，附近的人会开心，远处的人也会来。 语出《论语·子路》
构词法	中国六书（中国文字构造六法）	英语合成词和中国汉字造字法的"会意"，将派生词同中国汉字造字法的"转注"进行比较
句法	中国名家和文家的观点，实字和虚字	从中国名家和文家的观点来剖析英文句法的构成，同时用古诗词中实字和虚字的划分来阐释英语句法中的主谓

附录二 严复《英文汉诂》语法术语译名对照表

英文术语	《英文汉诂》译名	现译名
active	刚	主动
adjective clause	区别子句	形容词性从句

续表

英 文 术 语	《英文汉诂》译名	现 译 名
adjectives	区别	形容词
adverbial clause	疏状子句	状语从句
adverbs	疏状	副词
article	指件	冠词
auxiliary verbs	助谓字	助动词
clause	子句	从句
colon	支	冒号
comma	逗	逗号
comparative	较胜	比较级
complex sentence	包孕句	复杂句
compound interrogatives	并字发问称代	复合疑问词
compound sentence	合沓句	复合句
conjunctions	挈合	连接词
demonstrative pronouns	指事称代	指示代词
direct object	直接受事	直接宾语
elliptical sentence	椭句	省略句
full stop	满顿	句号
gerunds	虚字实用	动名词
imperative	祈使	祈使
indefinite pronouns	无定称代	不定代词
indirect object	间接受事	间接宾语
infinitive	无定式	不定式
interjections	嗟叹	感叹词
interrogative pronouns	发问称代	疑问代词
nominative	主名之位	主格
nouns	名物	名词
object	受事	宾语
participles	两用式	分词
passive	柔	被动

续表

英 文 术 语	《英文汉诂》译名	现 译 名
personal pronouns	三身称代	人称代词
phrase	仂语	短语
possessive	主物之位	所有格
predicate	谓语	谓语
prepositions	介系	介词
pronouns	称代	代词
punctuations	点顿	标点
reflexive personal pronouns	反身称代	反身代词
relative pronouns	复牒称代	关系代词
semicolon	半支	分号
simple sentence	单简句	简单句
subject	句主	主语
subjunctive	虚拟	虚拟
substantive clause	实质子句	名词性从句
superlative	尤最	最高级
tense	候	时态
verbs	云谓	动词
vocative	呼告之位	呼格

附录三　严复《英文汉诂》语法术语译名释读

一、active、passive：刚、柔

现译为"主动""被动"。严复将主动语态（active voice）译为"刚声"，被动语态（passive voice）译为"柔声"。"刚声"和"柔声"源自我国古代《易筋经》，发声

有刚声和柔声,刚声以发力为主,柔声以受力为主。这一对概念后来又被我国古代中医导引术所采用。

二、adjective clause:区别子句

"adjective"现译为"形容词"。在汉语语境中,"区别"意味着辨别、分类或识别不同。这和"形容词"这一词类在句中的作用相符。严复将"adjective clause"译为"区别子句"(现译名为"形容词性从句"),可能是想强调这类从句在句子中起到区分和限定作用的特点。

严复选用"子句"作为"clause"的译名。该译名利用中国传统的家族关系概念来解释从句与主句之间的从属关系,"子"在中国传统文化中常用来表示从属关系,如"子孙"之于"祖先"。"句"则直接对应英语中的"sentence"。这体现了严复试图在保留原意的同时,用中国人熟悉的家族关系来表述从属关系。在一定程度上反映了他将英语语法概念本土化的尝试。

三、adverbial clause:疏状子句

严复将"adverbs"译为"疏状"(现译名为"副词"),将"adverbial clause"译为"疏状子句"。"疏"在古汉语中有"解释""陈述"的意思,如"上疏"、"奏疏"(臣子向帝王分条陈述的意见书)、"注疏"(对古书的注解和对注解的注释)。"状"字则暗示了"描述状态或情况"的含义。这个译名呈现了副词在句子中起到的修饰和说明作用,所以对当时的读者而言,还是具有一定的认知辅助作用的。相比之下,现译名"副词"则与其他词类的命名(如名词、动词、形容词等)保持了一致。"副"字在汉语中有"辅助""附属"的含义,同样也能准确地反映副词在句子中的辅助修饰功能,对现代读者而言,如果进一步剖析汉译名,也具有一定的认知辅助作用。

四、article:指件

"article"现译为"冠词"。"指"在汉语中有"指示""点明"的含义,而"件"则可理解为事物或物件。该译名("指件")较为清晰地阐述了冠词在句子中起到

的指示和限定作用,特别是定冠词的功能。相比之下,现译名"冠词"也采用了形象和直观的表达。"冠"字在汉语中有"首要""居首"的含义,暗示了冠词在名词短语中的位置和作用。现译名不仅形象地描述了冠词在句子中的位置特征,也暗示了它的重要性,同时保持了较强的可理解性。

五、auxiliary verbs：助谓字

严复将"verbs"译为"云谓字"(现译名为"动词"),将"predicate"译为"云谓部"(现译名为"谓语")。"云谓字"是构成云谓部的成分(动词)。"谓"在汉语中有说、称为、评论、说明等意思。在《诗经·小雅·宾之初筵》中有一句:"醉而不出,是谓伐德。"这里的"谓"是通假字"为",意思是"是",相当于英语中的"be"。严复对此的解释是:"云谓字者,言物之所施,所受,所存(存在)。"所施即主语通过谓语动词发出的动作(what "subject" does);所受即主语被施加的动作(被动语态)(what is done to the "subject");所存即主语所存在的状态(in what state the subject exists)。同理,他将"auxiliary verbs"译成"助谓字"(现译名为"助动词")。"助"字的使用直接点明了这类词的辅助作用。由此来看,严复的译名不仅涵盖了这些术语的基本含义和功能,也考虑到了词法和句法的区别。现译名"谓语""助动词"保留了其中核心的汉字。

六、colon：支

"colon"现译为"冒号"。"支"在古汉语中有"分支""支撑"的含义。严复可能是想表达冒号在句子中起到分隔和支撑说明的作用,即在两个密切相关但又有所区分的句子成分之间起到连接及点明冒号后面成分的支撑、说明作用。

七、comma：逗

"comma"现译为"逗号"。"逗"在汉语中有"停顿""间断"的含义,与逗号在句子中起到的短暂停顿作用完全吻合。现译名"逗号"则在"严译名"的基础上作了扩展。保留"逗"字延续了对符号功能的准确描述,而增加的"号"字则明确指出这是一个符号。

八、complex sentence：包孕句

"complex sentence"现译为"复杂句"。"包孕"一词在汉语中有"包含""孕育"的含义,暗示了一个句子中包含或孕育着其他句子成分的概念。该译名形象地描述了复杂句的本质特征——一个主要句子中包含一个或多个从属句。

九、compound interrogatives：并字发问称代

"compound interrogatives"现译为"复合疑问词"。"并字发问称代"这个译名可以拆解为几个部分:"并字"表示这类词由多个部分组成;"发问"指出了这些词的疑问功能;"称代"则暗示了这些词也具有代词的性质。

十、compound sentence：合沓句

"compound sentence"现译为"复合句"。"合沓句"中的"合"字表示"结合""合并"的意思;"沓"在古汉语中有"重叠""层叠"的含义。"合沓"一词形象地描述了多个句子或句子成分叠加在一起的状态。

十一、conjunctions：挈合

现译为"连接词"。"挈"在古汉语中有"提携""带动"的意思。"合"表示"结合""联合"的含义。"挈合"一词生动地描述了连接词在句子中起到的带动和结合作用。现译名在延续这个思路的基础上,根据现代汉语的词义表达选择了"连接词"这个译名。"连接"直接描述了这类词的主要功能。

十二、demonstrative pronouns：指事称代

现译为"指示代词"。严复选用"指事称代"作为"demonstrative pronouns"的译名,体现了他对这类词语功能的深刻理解。"指事"意味着指明或指出事物,说明了这类词的指示功能。"称代"则表明这些词具有代词的性质,可以替

代其他名词。译名明确揭示了指示代词的两个核心特征：指示性和代词性。现译名"指示代词"基本延续了这一译名。

十三、elliptical sentence：椭句

现译为"省略句"。严复选用"椭句"作为"elliptical sentence"的译名，体现了他对这种句式的独特理解。"椭"字在汉语中常用来描述椭圆形，暗示了某些部分被省略或缺失的概念。译名借用了几何学中的概念，形象地描述了省略句的特征——某些本应存在的成分被省去，就像椭圆形相对于圆形缺少了一部分。

十四、full stop：满顿

现译为"句号"。"满"字可能暗示了句子的完整性或圆满结束；"顿"在汉语中有"停顿""停止"的意思，表示语句的终止。译名采用直译的方式标示一个完整句子的结束。严复的"满顿"与现代的"句号"这组译名的对比，反映出中国标点符号体系的演变过程，同时也展示了中国文字规范化和现代化的历程。

十五、gerunds：虚字实用

现译为"动名词"。严复选用"虚字实用"。"虚字"在古代汉语中通常不具有实在意义，也即现代汉语中的"虚词"，而"实用"则说明了这些词在句中起到实词的作用。译名描述了动名词的双重性质：形式上像动词，但在句子中却起到名词（实词）的作用。

十六、imperative：祈使

现译名沿用了严复这一译名。"祈使"一词既包含了"祈"（请求、祈求）的含义，又有"使"（使令、命令）的意思，恰当地反映了祈使句既可以是命令，也可以是请求的特性。

十七、indefinite pronouns：无定称代

现译为"不定代词"。"无定"直接对应英语中的"indefinite"，准确反映了这类代词指代不确定或不特定对象的特性。"称代"则表明这些词具有代词的性质，可以替代其他名词。

十八、infinitive：无定式

现译为"不定式"。"无定"反映了不定式不受人称、数、时态等限制的特性。"式"字表示这是一种动词的形式或状态。

十九、interjections：嗟叹

现译为"感叹词"。"嗟"在古汉语中是一个感叹词，表示叹息或惊讶。"叹"字直接表示"叹息""感叹"的意思。

二十、interrogative pronouns：发问称代

现译为"疑问代词"。"发问"直接指出了这类词的核心功能——提出问题。"称代"则表明这些词具有代词的性质，可以替代其他名词。译名详细地描述了疑问代词的两个核心特征：提问功能和代词性质。

二十一、nominative：主名之位

现译为"主格"。"主名"可能是对"主语"和"名词"的结合，暗示了主格通常与句子的主语相关，且常常是名词。"位"指的是在句子中的位置或地位，强调了这是一种语法功能。现译名"主格"保留了与主语相关的具有核心含义的汉字"主"字；"格"则是现代语言学中表示名词或代词在句中语法功能的术语。

二十二、nouns：名物

现译为"名词"。"名"表示称谓或名称；"物"在中国传统哲学中常指事物或概念。

二十三、object：受事

现译为"宾语"。严复将"direct object"和"indirect object"分别译为"直接受事"和"间接受事"。"受"直接表示"接受"或"承受"的意思；"事"在汉语中常指事情、行为或动作。译名准确地反映了宾语在句子中所起的作用——接受动作的对象。

二十四、participles：两用式

现译为"分词"。"两用"反映了分词的双重性质——既有动词的特征，又有形容词的功能。"式"表示这是一种语法形式或状态。译名巧妙地描述了分词的核心特征。现译名"分词"中的"分"字，可能暗示了这种形式是从动词"分"出来的一个形式。

二十五、personal pronouns：三身称代

现译为"人称代词"。"三身"可能指的是人称代词的三种基本类型：第一人称（我）、第二人称（你）和第三人称（他/她/它）。这个概念源自西方语法，但严复巧妙地用"身"字来表达。"称代"则表明这些词具有代词的性质，可以替代其他名词。译名详细地描述了人称代词的两个核心特征：三种人称的区分和代词的性质。

二十六、phrase：仂语

现译为"短语"。"仂"在古汉语中有"附属""辅助"的含义。这个译名反映

短语在句子中的特性，即作为一个语言单位，它常常附属于或辅助其他更大的语言结构。

二十七、possessive：主物之位

现译为"所有格"。"主物"可能是指拥有者或所属物，暗示了所有关系。"位"指的是在句子或短语中的位置或地位，强调了这是一种语法功能。现译名中的"所有"直接对应英语中的"possessive"，明确指出这种语法形式表示所有或归属关系。"格"是现代语言学中表示名词或代词在句中语法功能的术语。

二十八、prepositions：介系

现译为"介词"。"介"反映了这类词的核心功能——在词语之间起连接或介绍作用。"系"字在古汉语中有"联系""关系"的含义，暗示了这类词在句子中的连接作用。

二十九、punctuations：点顿

现译为"标点"。"点"指代文字中的符号。"顿"在古汉语中有"停顿""间断"的意思，暗示了标点符号在阅读中的作用。

三十、reflexive personal pronouns：反身称代

现译为"反身代词"。"反身"反映了这类代词的核心特征，即指代动作返回到主语本身。现译名继续保留了"反身"这一核心词义，强调这类词的特殊指代功能。

三十一、relative pronouns：复牒称代

现译为"关系代词"。"复"意味着重复或再次。"牒"在古汉语中通"叠"，有"复述""重复"的含义。译名准确反映了关系代词的一个重要特征：它在从句中

重复指代主句中的某个成分,即两个主句和从句中"所指相同"的部分。现译名中的"关系"直接指出这类词的核心功能,即建立主句和从句之间的"连接关系"。

三十二、semicolon:半支

现译为"分号"。"半"字表示"不完整"或"部分"的意思。"支"可能是对"句"的一种变体表达,暗示了这个符号与句子结构有关。译名准确地反映了分号的特性:它比逗号的停顿长,但又不像句号那样完全结束句子。现译名中的"分"字表示"分割""区分"的意思,即在句子中起到分隔作用。

三十三、subject:句主

现译为"主语"。"句主"中的"句"字直接指向句子这个语法单位;"主"则表示"主要的""起主导作用"的意思。译名准确反映了主语在句子中的核心地位,强调它是句子的主体或主要成分。

三十四、subjunctive:虚拟

该译名从严复起一直沿用至今。"虚拟"一词在中国传统哲学和文学中就有使用,指代非现实或假设的情况。严复巧妙地将这个传统概念与英语语法中的"subjunctive"对应起来,准确反映了英语语法中"虚拟"的本质特征,实现了中西语言学概念的完美结合。

三十五、substantive clause:实质子句

现译为"名词性从句"。"实质"强调这类从句在句子中起到实体或主体的作用。译名准确反映了这类从句的核心特征:它在句子中扮演着类似名词的角色。

三十六、superlative：尤最

现译为"最高级"。"尤"在古汉语中有"特别""尤其"的意思；"最"表示程度最高或最强。译名巧妙地结合了两个表示极致的词，强调了最高级的本质特征。现译名保留了严复译名中表达核心含义的汉字"最"。

三十七、tense：候

现译为"时态"。"候"一字在古汉语中大多与"时间"相关，是古代的计时单位，"五天为一候"，如"五日谓之候，三候谓之气，六气谓之时，四时谓之岁"（《素问》）。同时，"候"字在古汉语中还与状态变化相关，如"征候"。这个译名准确反映了时态的本质，即动作发生时间或状态变化。用传统概念来解释英语语法术语的内涵，对当时的读者对于英语语法的认知具有诸多益处。

附录四　严复《英文汉诂》语法术语汉译名释读后记

一、译名文字选取的特点

通过上文的释读，我们可以发现严复的语法术语汉译名呈现了汉语高度凝练、意合等特点。具体言之，译名在文字选用方面具有以下几个特点：

第一，善用单字词。严复常选用单字词来翻译核心概念，这体现了他对简洁性的追求，同时也符合古汉语的表达习惯。例如，"候"（时态）、"逗"（逗号）、"支"（冒号）等译名。这种单字词的选择不仅简洁有力，还便于与其他词素组合，形成新的术语。这种方法为后来的语法术语翻译提供了参照和借鉴。

第二，巧用古雅字词。严复倾向于选用文言文中的字词，这反映了他深厚的古典文学功底，同时也体现了他试图在传统文化资源中寻找表达西方概念的想法。例如，"仂语"（短语），其中"仂"字在古汉语中表示附属或辅助，准确捕捉

了短语在句子中的从属地位。这个译名显示了严复对短语本质的深刻理解,以及他将西方语法概念与中国传统语言学知识相结合的努力。又如,"复牒称代"(关系代词)中的"复牒",形象地描述了关系代词在句子中重复指代前面内容的功能,不仅语义准确,还富有文学美感。使用这些古雅字词,一方面体现了严复对传统文化的尊重和传承,另一方面也为新概念的引入提供了文化上的连续性,使得这些英语语法概念能够更容易被当时的中国读者理解并接受。

第三,兼备形与意。严复选取的字往往在形态或声音上与原概念有某种联系,这种选择既有助于传达概念的本质,又能在视觉或听觉上给读者留下深刻印象。例如,"椭句"(省略句)中的"椭"字在形态上暗示了不完整的概念,与省略的意思相呼应。这个选择不仅形象,还体现了译者对语言符号象似性的敏锐感知。"点顿"(标点符号)中的"点"字形象地描述了标点符号的形态,"顿"字则表达了其在阅读中起到的停顿作用。这个译名在视觉和功能两个层面都准确地展示了标点符号的特征。这种形声兼备的选字策略,不仅有助于读者理解和记忆这些新概念,还体现了严复对汉字多元性的充分利用,展现了他在翻译中的创造性思维。

二、术语翻译方法和策略

严复在英语语法术语汉译中采用了多种策略,展现了他在中西文化交流中的创新思维和深厚的语言文化功底。通过附录三的译名释读,我们可以将其译名的翻译方法和策略归纳为以下几个方面:

第一,注重功能对等。严复注重传达原概念的功能,而非拘泥于字面含义,显示了他对语言学概念本质的深刻理解。例如,"挈合"(连接词)中"挈""合"二字准确描述了连接词在句子中连接各个部分的作用。译名不仅传达了连接词的功能,还指出了其在句子结构中的重要性。严复注重使用功能对等的翻译策略,成功地将英语语法概念与中国读者熟悉的日常经验联系起来,使得这些抽象的语法概念更容易被理解和接受。

第二,开展文化互鉴。在处理陌生的英语语法术语时,他善用文化互鉴,巧妙地将中华传统文化概念融入汉译名中。这种方法不仅使译名更易为中国读者接受,还在某种程度上实现了中西文化的融合。如前所述,在处理"主动""被动"这一对语法概念时,他融入了中国哲学中的阴阳概念,巧妙地运用《易筋经》

中的"刚""柔"二字,生动地表达了主动和被动在语法中的对立统一。这两个译名不仅准确传达了语法概念,还赋予了它深层的文化内涵。又如,"三身称代"(人称代词)中的"三身"。该词的使用,融合了中国传统"身"的概念和英语语法系统化的分类方法。译名既概括了人称代词的三个类别,又符合中国传统的思维方式和认知习惯。这种文化移植的策略,体现了严复作为一名文化调试者在英汉两种语言文化碰撞中的深刻思考。

第三,善用描述翻译。对于一些复杂的语法概念,严复采用了详细描述的方法,试图通过更多的信息来准确传达概念的内涵。例如,"并字发问称代"这个译名详细描述了复合疑问词的构成(并字)和功能(发问),同时也指出了它的词性(称代)。虽然这个译名相对冗长,但它提供了丰富的信息,对于当时的中国读者来说,可能更容易理解这些全新的语法概念。

第四,关注读者认知。按照认知语言学的观点,语言是人们对客观外界互动体验和认知加工的结果,其学术理路是"现实—认知—语言"。如果从认知科学的角度看待语言的教学与学习,那么语言学习的过程也应该是一个人对语言互动体验和认知不断丰富的过程。这种互动体验和认知不断丰富的过程都指向同一个问题:这种互动体验和认知不断丰富的联系在哪儿?认知科学就给出了答案,即"隐喻性"或"象似性"。换句话说,这种"隐喻性"或"象似性"也就是人已有的"认知图式"。落实到现实之中,就是人已经掌握的语言知识和熟悉的语法规则。严复常常使用中国读者熟悉的概念来类比西方语法现象,这种方法有助于读者通过已知的概念来理解新的语法现象。例如,"子句"(从句)译名,严复使用"子"字,借用中国读者熟悉的家族关系来表达从属关系,使得这个概念更容易为中国读者所认知。通过类比法,严复成功地将陌生的西方语法概念与中国读者熟悉的日常经验联系起来,降低了认知的难度。

第五,融入哲学思维。受中国"会通思想"的影响,严复在创译英语语法术语汉译名时进行了中国传统哲学思想的融入。这不仅使译名具有深层的文化内涵,还体现了他试图在语言学和哲学之间建立联系的努力。例如,"虚拟"(subjunctive)这一译名中"虚"字的使用,不仅暗示了这种语气所表达的非现实或假设性质,而且"虚实"的对立统一也呼应了虚拟语气在语言中的特殊地位。该译名在对应英语中"虚拟"概念的同时,还融入了中国传统哲学中"虚实"的思想。这种将哲学思维融入语法术语的做法,展现了严复深厚的文化底蕴和对概念的准确把握,同时也为这些语法术语赋予了更深层的文化意义。

通过以上分析，我们可以看到严复在翻译语法术语时所采用的多样化策略。这些策略不仅体现了他对原概念的深刻理解，也反映了他试图在保持概念准确性的同时，使译名更易为中国读者接受和理解。严复的这些翻译方法和策略，体现出了他在翻译过程中对汉译名有以下几个方面的考量：

第一，文化适应性。严复深知，要使西方概念为中国读者所理解和接受，必须考虑中国的文化背景和思维方式。这种考量体现在他的多种翻译策略中，如文化移植和类比法。例如，他使用"子句"来翻译"从句"，就是利用中国人熟悉的家族关系来解释语法概念。

第二，语言优雅性。作为一个深受中国传统文化熏陶的知识分子，严复非常重视译文的文学性和美感。他坚持使用雅致的文言文，并在选词造句时追求韵律和节奏。这种对语言优雅性的追求，反映在他的"信、达、雅"翻译理论中，特别是"雅"的标准。

第三，概念准确性。尽管注重文化适应和语言优雅，严复始终将概念的准确传达放在首位。他认为，只有准确把握原概念的核心含义，才能真正实现知识的传播。这种考量体现在他对每个术语的深入思考和反复推敲上。例如，他用"虚拟"翻译"subjunctive"，既准确传达了原概念，又融入了中国哲学思想。

第四，术语系统性。严复意识到，单个术语的翻译必须放在整个语法体系中考虑。他试图建立一套相互关联的术语体系，以便更全面地介绍英语语法知识。这种系统性的考量体现在他译名之间的呼应和联系上，如"称代"这一术语在多个代词类型的翻译中的一致使用，"子句""方既"等译名也在相同类别的语法术语中被统一使用，做到了译名统一，形成了一套汉译名术语系统。

严复在术语翻译时兼顾概念准确性、文化适应性、语言优雅性和术语系统性，为术语翻译提供了重要参照和经验。严复在《英文汉诂》中创译的很多译名一直沿用至今。现译名如果有所变化，也是为了贴近现代汉语的使用规范，但基本都保留了严复译名中的核心汉字。严复是英语语法"中国化"的先驱，他创译的汉译名为英语语法在汉语中构建起了一套"言说系统"，具有重要的开创意义，对中国英语教育产生了重要影响。这些汉译名从母语的角度为中国英语学习者提供了理解框架，影响了英语教材的编写。时至今日，拂去历史的尘埃，再次释读这些译名，对我们当今的英语教学也具有启示意义。

参 考 文 献

Aarts B, 2001. Constituency: Movement and Substitution[M]//Aarts B. English Syntax and Argumentation. New York: Palgrave.

Chalker S, 1994. Pedagogical Grammar: Principles and Problems[M]//Bygate M, Tonkyn A, Willimas E. Grammar and the Language Teacher. Hemel Hempstead: Prentice Hall.

Dirven R, 1990. Pedagogical Grammar[J]. Language Teaching, 3(1):27.

Leech G, Svartvik J, 1994. A Communicative Grammar of English[M]. 2nd ed. London: Longman.

Long M, 2000. Acquisition and Teaching[M]//Byram M. Routledge Encyclopedia of Language Teaching and Learning. London: Routledge.

Newby D, 1989. Grammar for Communication[M]. Vienna: Österreichischer Bundesverlag.

Celce-Murcia M, Laresen-Freeman D, 1999. The Grammar Book[M]. 2nd ed. Boston: Heinle Publishers.

布洛克,斯塔列布拉斯,1988.枫丹娜现代思潮辞典[D].社科院文献情报中心,译.北京:社会科学文献出版社.

Schmidt R, 1993. Awareness and Second Language Acquisition[M]. Hemel Hempstead: Prentice Hall.

Krashen S D, 1981. Second Language Acquisition and Second Language Learning[M]. Oxford: Pergamon Press.

Van ek J A, Trim J L M, 1991. Threshold Level 1990[M]. Strasbourg: Council of Europe Press.

Widdowson H G, 1990. Aspects of Language Teaching[M]. Oxford: Oxford University Press.

Wilkins D, 1976. Notional Syllabuses[M]. Oxford: Oxford University Press.

章振邦,2012.新编英语语法教程[M].上海:上海外语教育出版社.

杨枫,2020.外语教育国家意识的文化政治学阐释[J].当代外语研究(6):3-4.

高惠群,乌传衮,1992.翻译家严复传论[M].上海:上海外语教育出版社.

严复,1904.英文汉诂[M].上海:商务印书馆.

严复,1986.严复集[M].北京:中华书局.

周作人,2002.看云集[M].石家庄:河北教育出版社.

陆机,1982.陆机集[M].北京:中华书局.

黄侃,1983.文字声韵训诂笔记[M].上海:上海古籍出版社.

严复,2004.《严复集》补编[M].福州:福建人民出版社.

后　记　一

书稿即将完成之际，对先生的怀念再次涌上心头。若先生在世，想必定会为此书作序，这也成为本书的遗憾。转眼间，先生离开我已经六年了，他的身影在我的生活中消逝已久。如今，每每遇到语言问题，还是会下意识地拿起手机想给先生打电话，才已意识到先生已离我远去。先生又似乎从未离开，在我撰写此书的某个瞬间，在我为学生讲解某个语法点的一刹那，在我每次路过安徽大学龙河校区，先生的音容笑貌似乎就在眼前。至今我的手机中还留存着和先生的短信。他像是去了某处远游，久未归来。由于先生病重和离世时，我在国外攻读博士学位，没能见到先生最后一面，这也成为永远无法弥补的遗憾。几年来，总想提笔将对先生的思念之情抒于笔端，借此后记，纪念恩师。

恩师史锡康，1932年生，祖籍安徽蚌埠，1950年考入南京大学西语系英语专业，1955年毕业（当时本科为五年制）。先生在南京大学求学期间，师从范存忠、陈嘉、楼光来、戴乃迭等著名学者和翻译家。毕业后，先生被分配到北京国防工业部第十六研究所，负责导弹零部件防霉防潮研究的资料翻译工作。之后该所被划分为部队管理。部队准备在重庆歇马场步兵学校提升一批士兵学员的英语阅读能力，先生奉调去教授英语，在学员的培训工作结束后又返回原单位。在这期间，先生觉得自己更适合从事教育工作。返回单位后，先生便向单位申请调回安徽蚌埠从事教育工作，但是安徽省人事厅将先生的档案留在了合肥并调到安徽省教育学院（合肥师范学院前身），由此，先生便开始专门从事安徽省英语师资的培训工作，同时也拉开了先生的从教生涯。之后，安徽省教育学院师资培训等业务逐渐停办，很多同事都相继离开。只有先生和少部分同事一直留在单位没走，并且和部分同事为俄语教师改行教英语赶编应急英语教材。1970年左右，院系调整，先生被调到安徽大学外语系（安徽大学外语学院前身）。1995年先生退休后，又被安徽大学、安徽三联学院、万博科技职业学院几所高校聘为兼职教授，专门讲授"英语语法"。

我与先生相识于2004年,彼时的我正读大学一年级,先生为我们开设了一年的"英语语法"课程。一年的相处,让我领略到了先生渊博的学识,系统了解了英语语法的学习、讲解方式及运用规律。这不仅为我日后从事英语语法教学打下了坚实的基础,也影响了我的教学方式。一年的相处,让我们成为忘年之交,在我读大学及在合肥工作期间,我与先生常漫步于安徽大学校园,无话不谈。

先生乐观豁达,为人正直,常以他那个年代的人独有的经历和视角分析当今社会中的种种问题。我曾经问过先生这样一个问题:"您为何总是相信这个世界上善良的人多?"先生没有直接回答,只是讲述了这样一段往事:"1949年前夕,我独自乘船从蚌埠去南京参加南京大学的招生考试。同船的一个中年人问我:'孩子,你去南京做什么?'我回答:'去考大学。'下船后,那个中年人从长布衫里掏出了四块银圆,塞在我手里,留下一句'争取考上,好好学,以后为国家做贡献'。他与我素昧平生,听说我去考大学,就给我钱,还鼓励我,这人难道不是好人吗?"

也许是年少经历战火纷飞,工作后又遇到"动荡年代",也许是工作和生活一直没有离开过农村和校园,先生身上总带有那个年代知识分子的"温暖与纯良",始终能以豁达乐观的态度对待生活中的一切不平和困难。

先生学识渊博,博览群书,虽未著书立说,但一辈子都从事科技翻译和英语教学工作,先后为军工部门翻译资料几百万字。先生对科技英语翻译颇有研究,曾多次受邀担任相关部门科技文献翻译的终审专家,译作有《李光耀传》等。先生热爱英语教学,从教四十载,自编《英语语法讲义》和《英语词法辨析》。

先生治学严谨,勤于钻研,书房中各种辞典和工具书就多达百余本。先生常教导我,学习语言规则,就要多阅读,细查阅,勤记录;要学会利用工具书,细读辞典词条,但不要"迷信"辞典,辞典中也有错误。先生移居上海前将几十本辞典和工具书都赠予我。每本书的扉页上都记录着先生发现的"错误",这个为辞典"挑错"的习惯也影响了我。如今进行翻译工作或备课时,翻阅先生给我的工具书,看到先生的字迹,见字如面,感念颇深!

先生爱生如子,循循善诱。在先生眼中,每个学生都是独特的个体,皆有其闪光点。先生从不以成绩定义学生,而是致力于激发每个人的潜能。先生赞赏努力,重视过程。课堂上,先生常言:"学习语法不在于追求完美,而在于持续进步,学习语言,要关注语言现象,并掌握分析语言现象的方法。"先生鼓励学生勇于犯错,从错误中学习。这份对教育的挚爱与睿智,如春风化雨,也深深影响了我的教育理念。如今,在我的教学生涯中,我追随先生的脚步,以这种循循善诱的方式启迪学生,让先生的教育精神得以传承和发扬。

先生奖掖后学,不遗余力。先生曾被学院教师称为"行走的语法书",年轻教师遇到语法问题,无论何时电话咨询,他都认真解答,总能从多种角度给予合理的解释，并告知出处。先生虽没有将其《英语语法讲义》出版，但却无私地分享给年轻教师，帮助他们提高教学水平。

先生兴趣广泛，热爱摄影、奇石、绿植。在那个没有数码相机的年代，先生自制暗房，冲洗照片。早年间，安徽大学很多重要场合的历史照片都是出自先生之手。退休后，先生还与外语学院马祖毅教授举办过"三丑"摄影诗歌书法展览和"80＋88'形声'50展"。先生负责摄影，马祖毅教授则负责为先生的照片配诗和书写，还将作品出版，在当时安徽省教育界传为一段佳话。先生晚年患有眼疾，视物困难，没能继续这一爱好，实为憾事。

2016年，先生移居上海前夕，我前去送别。先生慷慨赠书，谆谆教诲："教授语法，当勤思善析，广集语料；治学之道，需知行合一，融会贯通。"先生更嘱咐我结合自身语言学习与教学实践，潜心编撰讲义。当年一别，不知已是永诀；岁月如梭，恍惚间先生教诲犹在耳畔。回首往事，先生音容笑貌，历历在目，教诲箴言，字字珠玑。八年后的今天，怀着对先生的无限敬意与怀念，我终于完成了本书，即将付梓出版，虽未能与先生共享这一时刻，但相信先生在天之灵必定欣慰。这本书每一字、每一句，皆是对先生教诲的践行与传承，是对先生的最好告慰。虽未能亲自呈递先生，以告完成嘱托，然心中自知已不负所托。愿天堂没有眼疾，愿先生眼明心亮，时而摄影寄志，时而赏石寄情；愿来世再续情缘，师生同赏同摄，唯愿先生安息！

余 鹏

2024年11月2日

后 记 二

我在高校教授"英语语法"课程已经整整十五年,如果从接触语法教学算起,则将近二十年。除去英语专业学生的语法课程,我还教过初中、高中、专科、本科、研究生英语课程的英语语法。多年的教学生涯让我对中国英语教学中的语法教学有了一些粗浅的认识。我一直想编撰一本适合中国英语学习者的书籍,但又不想像其他语法书那样"大而全",循规蹈矩。我想以英语语法汉译名为切入点,打通词法和句法,为英语学习者构建语法学习知识谱系。本书从构思到终稿也已十年,最初为我教授英语语法的讲义,一直想将其充实出版,但苦于一直未找到学理依据,无从下手。

早在开始英语语法教学之初,我就对语法术语汉译名有所关注,思考汉译名和语法规则之间的关系,尤其注重英语语法术语汉译名在教学中的作用。琢磨这些汉译名究竟从何而来,由谁创译,为何这样译。碰巧的是我的研究方向是比较文学与翻译研究,尤其关注清末民初中外文学关系。带着这些问题,我溯源而上,开始了严复英语教育思想及其《英文汉诂》的研究。其间也申报了省级课题,发表了几篇相关研究文章。通过对严复教育思想及其《英文汉诂》的研究,我加深了对中国本土英语教育思想及其实践的理解和重视,也找到了英语语法术语汉译名的源头,充实了讲义的学理依据。常言道:"教学相长,教研相促。"结合近年的研究成果和教学总结,我对原有的讲义进一步充实,终成此书。"十年磨一剑,霜刃未曾试",好坏优劣自有读者评说。对我而言,它是十五年英语语法教学的总结。在本书即将完稿之际,不禁感慨良多,在我近三十年的英语学习和语法教学及研究过程中,我有幸得到了多位前辈和师友的面授教诲与悉心指导,让我终身受益。在此,请允许我列出他们的名字,以表达我最诚挚的谢意:安徽省泾县英语教育名师梁文斌,安徽省泾县二中高级教师冯晓凤,安徽大学外语学院史锡康教授、田德蓓教授,韩国忠北国立大学(Chungbuk National University)英语教育系博士生导师姜承万

（Kang Seung-Man）教授。

尤其感谢我的英语启蒙老师，我的叔叔梁文斌先生。是他在我小学三年级时引导我，从英语二十六个字母开始耐心教导我，让我对英语产生兴趣，大学选择英语专业并最终成为一名英语教师。学生时代，在学习上他像严父一样要求我，在生活上对我十分关心；在我人生的多个困难时刻在经济上伸出援手，在精神上给予支持。工作后，他也像当初为我启蒙那样，教我如何讲解英语语法知识点，如何从学生的角度去剖析问题，直击学生的"难点""痛点"。本书中有很多方法和要点，如"引导词（组）在从句中的作用""特殊疑问句、感叹句与名词性从句的转换方式"等都是梁先生近四十年的教学经验总结，他全将其毫无保留地传授于我。可以毫不夸张地说，如果没有梁先生的帮助，我不可能一帆风顺地走到今天，这本书不可能成稿。

衷心感谢我的初中英语老师，安徽省宣城市教坛新星、安徽省泾县第二中学高级教师冯晓凤。在我求学的过程中，冯老师对我产生了重要的影响。三年的初中英语学习，她教会我如何正确地发音，给我英语各方面打下了良好的基础。我的语音、板书、教学用语、教态等深受她影响。多年来，她一直关注我的成长，给予我鼓励，在我的印象中，优秀的中学教师就应当如此，有教无类，惜才爱才。

衷心感谢我大学的语法老师，安徽大学外语学院史锡康教授。本书中的很多语料和例句都是史老师生前教学所收集的。如果没有史老师当年的鼓励、教导和无私的分享，我不可能有撰写本书的计划，并最终成稿。

衷心感谢我的大学口语老师，安徽国际商务职业学院杨晓副教授。杨老师是我大学阶段对我学业及后续发展有着重要影响的一位老师。她一直关注我的成长，与我共享学业和事业上的每一次进步，并给予指导和建议。如果没有杨老师在我最低迷的时候给予我帮助和鼓励，我不可能走上大学讲台。

衷心感谢巢湖学院外国语学院柯应根教授、董艳教授在本书写作过程中给予的指导和帮助，衷心感谢阜阳师范大学外国语学院院长赵从义教授，安徽三联学院外国语学院罗晓静副教授、马旺艳副教授给本书框架提出的修改意见。

本书是在国内语法研究的基础上，进一步发展、补充和深化的产物。因此，在本书的撰写过程中，参考了大量资料，有些还作为例证直接引用，这些都在书后参考文献中加以说明。在引用的过程中，有些资料和文献因历史久远或因遗漏难以在此一一罗列，谨向众多作者一并致以深切的谢意。限于我的水平和认知，本书难免存在疏漏，希望多批评、多指正，以便将来做得更好。

余　鹏

2024 年 11 月 28 日